Wolfhart Pannenberg

Gottesgedanke und menschliche Freiheit

WOLFHART PANNENBERG

Gottesgedanke und menschliche Freiheit

Zweite Auflage

VANDENHOECK & RUPRECHT
IN GÖTTINGEN

SAMMLUNG VANDENHOECK

CIP-Kurztitelaufnahme der Deutschen Bibliothek

Pannenberg, Wolfhart

[Sammlung]

Gottesgedanke und menschliche Freiheit. – 2., unveränd. Aufl. – Göttingen : Vandenhoeck und Ruprecht, 1978.
(Sammlung Vandenhoeck)
ISBN 3-525-01605-0

2. Auflage 1978.
Umschlag: Jan Buchholz und Reni Hinsch – Druck: fotokop, Darmstadt. Bindearbeit: Hubert & Co., Göttingen

Vorwort

Die hier vereinigten Arbeiten aus den letzten Jahren führen teils direkt, teils indirekt meine früheren Bemühungen um eine Freilegung der anthropologischen Basis für die Erörterung der Gottesfrage fort[1]. Als offenes Problem besteht diese Frage heute für jeden geistig wachen Erben der großen Geschichte philosophischen und theologischen Denkens weiter. Das sollte nicht strittig sein unter denen, die sich den Kopf freizuhalten vermögen von dem Nebel, den die intellektuell meist anspruchslosen Gags der Gott-ist-tot-„Theologie" und der prätentiöse Irrationalismus bloßer („kerygmatischer") Versicherungen dagegen von seiten mancher Theologen erzeugen, samt dem von daher verständlichen, aber dennoch der Sache nicht dienlichen, verbreiteten Vorurteil gegen die intellektuelle Ernsthaftigkeit theologischer Arbeit überhaupt. Die anthropologische Problematik des Gottesgedankens spitzt sich dem Atheismus gegenüber auf die Frage nach dem Sinn und den Bedingungen der Freiheit zu. Daher stehen die beiden letzten Beiträge des Bandes in einer genauen, wenn auch nicht an der Oberfläche sichtbaren thematischen Beziehung zu den einleitenden, unmittelbar dem Gottesgedanken gewidmeten Arbeiten. Die Bedeutung Hegels für diesen Fragenkreis liegt darin, daß er den christlichen Glauben und den Gott des Christentums als bleibende Bedingung der neuzeitlichen Freiheit dargetan hat. Meine Besprechung der „Legitimität der Neuzeit" von Hans Blumenberg ist in den Band aufgenommen worden, weil meine Kritik an Blumenbergs These von der Herkunft der Neuzeit aus einer Selbstbefreiung von den Ansprüchen eines theologischen Absolutismus die Wahrheit jener von Hegel gewonnenen Einsicht zu

[1] Vgl. die einschlägigen Beiträge in: Grundfragen Systematischer Theologie 1967.

erhärten sucht. Wer heute in solchem Sinn für die Vereinbarkeit von Christentum und Neuzeit eintritt, muß seinen Weg freilich abseits von den Moden des Tages suchen. Er muß sich nicht nur gegen den seit Generationen wirksamen Trend der Theologie zum Rückzug in eine Bastion irrationalistischen Glaubensverständnisses wehren, sondern ebenso gegen die scheinbar entgegengesetzte, in Wirklichkeit oft Hand in Hand damit gehende Anpassung an die Vorurteile des Zeitgeistes durch ein billiges Abschreiben der substantiellen Themen der Überlieferung: Diese sollte der Theologe doch wohl interpretieren, statt sein Unvermögen dazu durch die Geste einer vermeintlich radikalen Kritik zu verdecken, die mit den überkommenen Lösungen die Probleme selber abschafft. Dazu ist heute kein Mut mehr erforderlich. Gedient wird so nur noch der Bequemlichkeit. Fast mehr noch als durch diese Wirrnis der theologischen Lage wird die, wie dem Verfasser scheint, intellektuell unabweisbare Aufgabe theologischer Reflexion heute dadurch erschwert, daß die im allgemeinen Denken herrschenden Richtungen es sich offenbar ohne geistigen Verlust meinen leisten zu können, bei der Erörterung ihrer Sachfragen den Beitrag der theologischen und damit auch eines großen Teils der philosophischen Überlieferung, sowie seine Probleme, entweder mit Schweigen zu übergehen oder auf derartige Simplifikationen herunterzubringen, wie das in anderen Bereichen der geistigen Auseinandersetzung kaum möglich wäre. Dennoch muß man darauf vertrauen, daß das Eigengewicht der Sachfragen sich auf die Dauer im allgemeinen Bewußtsein wieder durchsetzen wird.

Der Text der einzelnen Beiträge ist gegenüber der jeweiligen Erstveröffentlichung geringfügig verändert. Im letzten Beitrag sind Anmerkungen ergänzt worden.

Wolfhart Pannenberg

Inhalt

Anthropologie und Gottesfrage*

1.

Am Ende seines Alterswerkes über die Gesetze läßt Platon den letzten Gesprächsgang durch den Gast aus Athen dahin zusammenfassen, daß zwei Dinge zum Glauben an die Götter führen, nämlich die Seele und die Bewegung der Sterne (Leg. 966 d 6 ff.). Die notwendige Ordnung der Sternbewegung lasse nämlich keineswegs, wie die große Menge meine, den Betrachter in Gottlosigkeit verfallen, sondern lege ihm im Gegenteil die Annahme einer diese Ordnung hervorbringenden Vernunft nahe. Die Seele aber sei das Älteste und Göttlichste von allem, dessen Bewegung einen Anfang genommen und doch ein immerwährendes Wesen hervorgebracht habe. Der moderne Leser mag sich bei dieser Gegenüberstellung an den Schluß von Kants Kritik der praktischen Vernunft erinnern, an den berühmten Satz von den zwei Dingen, die „das Gemüt mit immer neuer und zunehmender Bewunderung und Ehrfurcht" erfüllen: „der bestirnte Himmel über mir und das moralische Gesetz in mir." Gerade die Analogie zu dem Worte Platons aber macht den großen Abstand unverkennbar, der Kants Denken von der platonischen Weltsicht trennt. Zwar hat Kant wie Platon die Seele oder das Subjekt für unableitbar aus dem Gang des materiellen Naturgeschehens gehalten. Aber nach Kant ist das darum so, weil das Subjekt bei aller Naturerklärung schon vorausgesetzt werden muß, während Platon die Seele wegen ihrer Selbstbewegung für unableitbar von materiellen Prozessen erklärte; und Platon hat auch umgekehrt die Selbstbewegung der Seele als Voraussetzung aller anderen Bewegung, die eines An-

* Gastvorlesung an der Theol. Fakultät in Groningen (3. Nov. 1970), zuerst veröffentlicht in: Kerk en theologie 22, 1971, 1–14.

stoßes von außen bedarf, beurteilt. Er konnte und mußte darum hinter aller körperlichen Bewegung eine Seele, ein geistiges Prinzip als ihren Ursprung vermuten — hinter dem am Himmel sichtbaren Weg der Sonne den unsichtbaren Sonnengott (898 d 9 ff.) und hinter der geordneten Bewegung des Kosmos eine alles anordnende höchste Vernunft. Für Kant hingegen war eine solche Verklammerung der beiden Sphären, der Seele und des Naturgeschehens, nicht mehr möglich. Zwar verdient auch nach Kant der Schluß aus der Ordnung der Natur und der „Majestät des Weltbaus" (Kr. r. V. B 652) auf eine alles anordnende, höchste Vernunft „jederzeit mit Achtung genannt zu werden", zumal er unsere Naturerkenntnisse erweitert „durch den Leitfaden einer besonderen Einheit, deren Prinzip außer der Natur ist" (651). Aber das Argument bleibt für Kant ohne apodiktische Gewißheit, ist bloßer Ausdruck eines Glaubens (652f.); denn es muß die Annahme eines notwendigen Wesens als erster Ursache der Natur schon voraussetzen. Die Annahme eines ersten Gliedes in der Kette der Ursachen jedoch ist für Kant nicht mehr zwingend; die Kette der Ursachen könnte sehr wohl ins Unabsehbare zurückreichen; dazu kommt Kants spezifisches Argument, daß die Kategorie der Ursache nur auf Verhältnisse von Erscheinungen in Raum und Zeit Anwendung finden kann (B 637f.). Die Kette der Bewegungen in der materiellen Welt verweist für Kant also nicht mehr wie für Platon auf ein sich selbst Bewegendes wie die Seele oder auch auf ein unbewegt Bewegendes wie die aristotelische Vernunft. So ist bei Kant nicht nur die Verbindung zwischen materieller Natur und Seele abgerissen, sondern auch der Anlaß für die Annahme weggefallen, daß alle Erscheinungen sozusagen eine seelische Innenseite haben. So etwas wie Seele findet sich nur noch beim Menschen, und zwar sofern der Mensch Subjekt ist. Zwar führt auch bei Kant die Besinnung auf die Seele noch zum Glauben an Gott — aber nicht weil sie durch ihre Selbstbewegung das „Älteste" alles Seienden wäre, unabhängig von allem, was nur von außen bewegt ist. Vielmehr ist der Glaube an einen Gott für Kant durch die Aufgabe des Selbstverständnisses des Subjekts, vor allem in seiner moralischen Erfahrung, geboten. Durch die Einengung seiner Basis auf das Selbstverständnis des Menschen hat der Gottesgedanke den Charakter eines Postulates erhalten, dessen Wahrheit nicht mehr ablösbar ist vom faktischen Vollzug menschlichen Selbstverständnisses und in diesem Sinne nur praktische Geltung beanspruchen kann.

Der Weg, an dessen Anfang Platon und an dessen für die Moderne bezeichnendem Wendepunkt Kant steht, läßt sich als Weg einer fortschreitenden Anthropologisierung des Gottesgedankens kennzeichnen. Zwar war schon für Platon die menschliche Seele durch eine besondere Nähe zur Gottheit ausgezeichnet, und dieses Motiv läßt sich über Augustin und das christliche Mittelalter zu Descartes und weiter bis zu Kant verfolgen. Aber für Platon war die Seele noch eingebettet in die Naturwelt und mit dieser zusammen im göttlichen Ursprung verwurzelt. Für die philosophische Theologie der Neuzeit hingegen ist die Erkenntnis richtungweisend geworden, daß von der Natur kein sicherer Weg mehr zu Gott führt und darum die ganze Beweislast für die Wahrheit des Gottesglaubens auf das Verständnis des Menschen, auf die Anthropologie gefallen ist.

Wie es dazu gekommen ist, kann hier nicht genauer untersucht werden. Ein wichtiger Schritt ist jedenfalls die Einsicht gewesen, die sich bei William Ockham Bahn brach, daß in der Reihe der bewegenden und erzeugenden Ursachen kein erstes Glied erforderlich ist, weil wie in der Generationenreihe die früheren Ursachen durchaus schon ins Nichts versunken sein können, während die von ihnen hervorgebrachten Wirkungen noch bestehen. Schon für Ockham gab es also das Problem eines ersten Anstoßes der Bewegung des Alls, das Newton noch beschäftigen sollte, nicht mehr. Nur in der Reihe der erhaltenden Ursachen hat auch der Scharfsinn Ockhams noch ein erstes Glied für nötig gehalten, weil ein bewegter Körper nur solange wirken kann, wie er in der Bewegung erhalten wird, so daß die seine Bewegung erhaltende Kraft der Bewegung selbst gleichzeitig sein muß, solange diese selbst fortdauert, im Unterschied zu einem von der Ursache auf die Wirkung sich übertragenden Bewegungsimpuls. In der Reihe der erhaltenden Ursachen kann man daher nach Ockham auch nicht unbegrenzt zurückgehen, ohne auf eine erste Ursache zu stoßen. Man kann nicht dahingestellt sein lassen, ob es hier überhaupt eine erste Ursache gibt; denn ohne eine solche würde für Ockham alle Bewegung im gegenwärtigen Zeitpunkt erliegen, und alles müßte ins Nichts versinken. Auch diese Argumentation jedoch ist für das neuzeitliche Denken hinfällig geworden. Die Annahme einer ersten erhaltenden Ursache wurde überflüssig durch die Formulierung des Trägheitsprinzips. Wenn nämlich jeder Körper von sich aus die Tendenz hat, in dem Zustand zu verharren, in dem er sich befindet — sei das nun ein Zustand der Ruhe oder der Bewegung, — und wenn er diesen Zustand nur unter dem Einfluß anderer Kräfte ändert, dann bedarf die Beharrung, die Fortdauer des einmal entstandenen Zustandes, keiner besonderen Ursache mehr, auch nicht die Beharrung in gleichförmiger Bewegung. Das Trägheitsprinzip ist es gewesen, das den Gottesgedanken für die Physik überflüssig gemacht hat, nicht die Entbehrlichkeit eines ersten Bewegungsanstoßes. Als Newton und die Deisten Gott als dem Urheber des notwendigen ersten Anstoßes der Planetenbewegung noch eine Stelle im Naturbild sichern wollten, hatte in der Theologie Ockham längst die Brüchigkeit solcher Argumentation erkannt. Wenn die Beharrung im Sein und in der Bewegung zu etwas Selbstverständlichem wurde, dann war im Naturbild kein Platz mehr für Gott. Descartes hatte die Trägheit noch nicht als so selbstverständlich empfunden. Ihm schien es noch nötig, die Annahme der Beharrung alles Seienden in seinem jeweiligen Zustand zu begründen durch den Hinweis auf die Unveränderlichkeit Gottes in seinem schöpferischen Wirken. Aber der Folgezeit wurde die Trägheit zum Prinzip, und das heißt eben zu etwas, das keiner weiteren Erklärung mehr bedürftig ist. Es ist die Frage, ob die Wiederentdeckung der fundamentalen Bedeutung der Kontingenz alles Geschehens in der modernen Physik nicht zu einer Revision dieser Selbstverständlichkeit der Trägheit führen kann. Aber solange das nicht geschieht, wird es keine stichhaltige Erneuerung des kosmologischen Gottesbeweises im Zusammenhang der Naturerkenntnis geben können. Die rein logische Argumentation, die von der Zufälligkeit alles Endlichen auf die Existenz eines notwendigen Wesens schließt, vermag allenfalls Ausdruck eines unabweisbaren Bedürfnisses unseres Geistes, unseres Denkens zu sein, ohne für sich allein schon den Schluß zu erlauben, daß die dem menschlichen Denken vorgegebene Wirklichkeit der Natur eines solchen Urhebers bedürfe. Damit aber haben wir nichts anderes als die anthropologische Deutung des kosmologischen Gottesbeweises vor uns, wie sie im Grunde schon bei Kant vorliegt, obwohl in der Argumentation der Kritik der reinen Vernunft das kritische Element so stark hervortritt, daß das positive Ergebnis der Kritik oft übersehen worden ist. Das notwendige Wesen, das der kosmologische Beweis erschließt, ist bei Kant nicht mehr ein Erfordernis der Natur selbst, sondern nur noch ein Erfordernis menschlichen Naturverstehens unter Ideen der Vernunft, also wie Kant sagte: ein transzendentales Ideal. Kant war nicht der Meinung, daß ein solches Ideal beliebig sei, so daß es jedem freistünde, vom Gottesgedanken Gebrauch zu machen oder nicht. Vielmehr war die Idee eines notwendigen Wesens für Kant eine notwendig zur Vernunft gehörende Idee, aber eben nur eine Idee der Vernunft, über deren Realität abgesehen vom Menschen sich nichts Sicheres ausmachen läßt, wenn auch der Mensch nach Kant sich selbst nicht verstehen kann — insbesondere in seiner sittlichen Bestimmung —, ohne in seinem Daseinsvollzug die Realität dieser Idee vorauszusetzen.

Hegels Erneuerung der Gottesbeweise ist als Vollendung dieser schon bei Kant angebahnten anthropologischen Deutung zu verstehen. Das kosmologische und das physikotheologische Argument beziehen sich in Hegels Interpretation nicht mehr direkt auf das Naturgeschehen, sondern in ihnen drückt sich das Verhältnis des Menschen zur Natur aus, die Erhebung des

Menschen über die Endlichkeit der Naturerscheinungen zum Gedanken des Unendlichen, das als wahrhaft Unendliches das Absolute ist. Dabei bilden die Gottesbeweise nach Hegel nur den formalen Ausdruck der religiösen Erhebung des Menschen über alles Endliche zum Unendlichen. Das ist ein außerordentlich tiefsinniger Gedanke, wenn man auch die Zuordnung der verschiedenen Beweisformen zu verschiedenen Religionstypen so, wie Hegel sie vorgenommen hat, als gekünstelt empfinden mag. Die Auffassung der Gottesbeweise als Ausdruck der Erhebung des Menschen zum Gedanken Gottes ermöglichte es Hegel, die Unangemessenheit der Beweisform, in der die endliche Wirklichkeit als Ausgangspunkt und Gottes Dasein als Folgerung daraus erscheint, zuzugestehen und dennoch in diesen Beweisen eine sinnvolle Gedankenbewegung zu erkennen. Fr. H. Jacobi hatte an der Form der Beweise kritisiert, daß Gott dabei als abhängig von den endlichen Gegebenheiten, von denen die Beweise ausgehen, erscheine. Für Jacobi war dies das schlagende Argument für den Widersinn allen Beweisens überhaupt im Hinblick auf Gott. Hegel vermochte jedoch durch seine Deutung der Gottesbeweise zu zeigen, daß hinter dem durch die logische Form des Beweisens erzeugten Schein solchen Widersinns ein tieferer Sinn steckt, da die religiöse Erhebung des Geistes ja in der Tat von der Erfahrung der Natur und des Endlichen ausgehen muß, um sich von da zum Gedanken Gottes zu erheben. Die dieser Gedankenbewegung angemessene Form der Argumentation müßte nach Hegel wegen der Hinfälligkeit des Endlichen das Sein des Unendlichen behaupten, während dieses Moment der Negation in den herkömmlichen Gottesbeweisen, die vom Sein des Endlichen auf das Sein des Unendlichen schließen, ausfällt. Die deduktive Form des Beweisens verliert ihre Unangemessenheit erst, wenn Gott selbst als Ausgangspunkt des Beweises erscheint, die Beweisform also zur Beschreibung des Selbstbeweises Gottes wird, und das ist nach Hegel der Fall beim ontologischen Beweis, der vom Begriff Gottes auf sein Dasein schließt und den Hegel eben deswegen, weil hier der Widerspruch zwischen Gehalt und Form des Beweisens aufgelöst ist, als den höchsten der Gottesbeweise beurteilt hat. Dennoch bleibt auch dieser Beweis bei Hegel bezogen auf das religiöse Geschehen der Erhebung des Menschen zu Gott. Zwar hat Hegel den ontologischen Beweis gegen die Kritik Kants verteidigt, daß man nicht vom Begriff auf das Dasein schließen könne. Kant hatte seine Kritik durch das berühmt gewordene Beispiel erläutert, daß hundert gedachte Taler in keiner Weise schon hundert wirkliche Taler sind. Hegel erwiderte, daß eben dies die Besonderheit des Begriffs Gottes im Unterschied zu allen endlichen Dingen sei, daß bei Gott Wesen und Dasein zusammenfallen. Nur bei Gott also läßt sich aus dem Begriff – aus *diesem* Begriff – das Dasein folgern. Aber die Schwierigkeit des ontologischen Beweises besteht für Hegel darin, wie wir zu dem dabei vorauszusetzenden Begriff von Gott gelangen. Solange er als eine beliebige Voraussetzung erscheint, die man machen, aber auch unterlassen kann, hat der Gedanke Gottes und daher auch das aus ihm gefolgerte Dasein keine Notwendigkeit. Der Begriff Gottes, als Voraussetzung des ontologischen Beweises, muß selbst als ein notwendiger und nicht bloß beliebiger Gedanke dargetan werden, damit das ontologische Argument schlüssig wird. Das bedeutet, daß die Erhebung des menschlichen Geistes über alle endliche Wirklichkeit zum Gedanken Gottes für das ontologische Argument schon vorausgesetzt ist und seine Grundlage bildet. Und zwar muß die Erhebung zum Gedanken Gottes als dem menschlichen Geist unumgänglich und notwendig dargetan werden: Sonst bleibt der Ausgangspunkt des ontologischen Beweises ein beliebiger, rein subjektiver Gedanke ohne wahrhaft überführende Kraft.

So ist gerade bei Hegel die gesamte Problematik der Gottesbeweise zurückgeführt worden auf Anthropologie, nämlich auf die religiöse Erhebung, die sich im Leben des menschlichen Geistes vollzieht. Damit ist die Frage entscheidend geworden, ob die Erhebung über das Endliche zum Gedanken des Unendlichen und Absoluten tatsächlich, wie Hegel es behauptet hat, für den menschlichen Geist notwendig ist und ob sie tatsächlich zu einem vom Menschen verschiedenen, göttlichen Wesen führt. Auf dem Boden anthropologischer Argumentation fällt seitdem die erste und grundlegende Entscheidung darüber, ob das Reden von Gott theoretischen Wahrheitsgehalt beanspruchen kann oder als irrationaler Ausdruck anderweitig — etwa psychologisch oder sozialpsychologisch — zu erklärender menschlicher Einstellungen zu beurteilen ist.

2.

Der Konzentration der Bemühungen um die Wahrheit des Gottesgedankens auf das Verständnis des Menschen entspricht eine analoge Entwicklung in der atheistischen Kritik des Gottesglaubens. Nicht zufällig argumentiert der moderne Atheismus seit Feuerbach durchweg anthropologisch. Das gilt nicht nur für die marxistische Religionskritik, sondern auch für Nietzsche, für Freud, für Nicolai Hartmann oder Jean Paul Sartre. Die eigentlich strittige Frage ist dabei nicht, ob der Gottesgedanke ein Produkt des menschlichen Geistes ist, sondern ob er ein unwesentliches Produkt des menschlichen Geistes ist, ein Gedanke also, der kein zum Wesen des Menschen gehöriger Bestandteil seines Selbstverständnisses ist. Die Argumentation aller Formen des modernen Atheismus zielt auf den Nachweis, daß der Gottesgedanke in keiner seiner Gestalten ein notwendig zum wachen Vollzug menschlicher Existenz gehöriger Gedanke ist, daß es sich vielmehr bei ihm um den Ausdruck einer vorübergehenden, wenn auch eine lange Periode menschlicher Geschichte beherrschenden Täuschung des Menschen über sein eigenes Wesen handle, um eine Illusion, die sich eben dadurch als Illusion erweisen läßt, daß sie nicht zum menschlichen Wesen als solchem gehört, sondern nur zu einer wenn auch sehr langen Phase seiner Geschichte. Dazu ist weiter der Nachweis erforderlich, daß das Wesen des Menschen sich vollständig beschreiben läßt ohne Zuhilfenahme religiöser Kategorien, und daß der Gottesgedanke, statt unerläßliche Bedingung eines dem menschlichen Wesen angemessenen Selbstverständnisses zu sein, vielmehr die Menschen sich selbst entfremdet habe und ihnen insbesondere den Zugang zum Bewußtsein ihrer Freiheit verstellt habe.

Es gehört zu den Beispielen übermäßiger Anpassung der Theologie an die intellektuellen Moden der Zeit, daß die dialektische Theologie geglaubt hat, die atheistische Argumentation akzeptieren und durch einen radikalen Offenbarungsglauben übertrumpfen zu können. Sie meinte die Bemühungen der Theologie des 19. Jahrhunderts um eine Grundlegung der Theologie durch eine anthropologische Theorie der religiösen Erfahrung mit den Argumenten Feuerbachs und seiner Nachfolger hinter sich lassen zu sollen als Ausdruck einer Selbstvergottung des Menschen, der nur sich selbst in einen imaginären Himmel projiziert, und sie meinte demgegenüber von Gott als dem ganz anderen reden zu können, der vom Menschen her unzugänglich bleibt und sich rein von sich her in Jesus Christus offenbart. Das Mißliche dabei ist, daß solches Reden von Gott nicht über ein leeres subjektives Behaupten hinauskommt und damit wider Willen selbst ein extremes Beispiel dafür gibt, wie unausweichlich die Gottesfrage in der Neuzeit auf das Selbstverständnis des Menschen zurückgefallen ist, auch wenn dieses nur noch als Subjektivität des Behauptens auftritt. Solches Reden von Gott bleibt im übrigen ungeschützt dagegen, daß seine Sprache, sein Gebrauch des Wortes „Gott" derselben atheistischen Projektionsthese eingeordnet wird, deren Wahrheit die dialektische Theologie ja ihrerseits anerkannt hat, wenn sie auch für ihr eigenes Reden von Gott eine Ausnahme beansprucht. Die atheistische Kritik hat dann nur zu zeigen, daß der Anspruch der Theologie auf eine Ausnahme von der beiderseits anerkannten Religionstheorie für ihr eigenes Reden von Gott unbegründet ist. Das läßt sich ohne große Mühe zeigen durch die Fülle der Analogien zwischen christlichem und außerchristlichem Reden von Gott. Wenn die Theologie gegen solche Vereinnahmung durch die atheistische Religionstheorie nur noch protestieren kann, wie

H. Gollwitzer meint, aber nicht mehr die Kraft des Argumentes dagegen geltend zu machen vermag, dann gerät sie in eine aussichtslose Lage — in eben diejenige Lage, in der sie sich für das öffentliche Bewußtsein nach der großen Desillusionierung über die steilen Thesen der dialektischen Theologie heute befindet. Diese Lage der Theologie ist nicht unverschuldet über sie gekommen. Man ruft als Theologe die atheistische Religionskritik nicht ungestraft zu Hilfe. Die geistige Situation der Gegenwart, die so stark durch die Tradition des modernen Atheismus geprägt ist, fordert von der Theologie nicht, daß sie sich selbst auf den Boden der atheistischen Theorie begibt. Das ist, was den intellektuellen Aufwand des Theologen angeht, die billigste Form der Modernität. Der Theologie allerdings kommt sie teuer zu stehen. Will die Theologie sich nicht selbst aufgeben, so muß sie die Herausforderung des Atheismus in der Weise annehmen, daß sie sich mit den atheistischen Religionstheorien auseinandersetzt. Solche Auseinandersetzung läßt sich aber in der geschichtlichen Situation des neuzeitlichen Geistes nicht auf beliebigen Feldern ausfechten, sondern nur auf demjenigen, auf das die denkende Beschäftigung mit der Gottesfrage im Verlauf der Geschichte nicht ohne triftige Gründe gelangt ist und auf dem sich daher auch die atheistische Argumentation festgesetzt hat. Das aber ist die Anthropologie, genauer die Frage nach dem Stellenwert der religiösen Thematik für das Wesen des Menschen. Wenn sich nicht zeigen läßt, daß die religiöse Thematik, die Erhebung über die endlichen Inhalte menschlicher Erfahrung zum Gedanken einer unendlichen, alles Endliche und den Menschen selbst tragenden Wirklichkeit wesentlich und konstitutiv zum Menschsein gehört, so daß man den Menschen nicht zu Gesicht bekommt, solange man von dieser Dimension absieht, — wenn sich das nicht mit hinreichender Gewißheit vertreten läßt, dann sind alle übrigen Gesichtspunkte, mit denen man sich in dieser Sache sonst noch abgeben mag, leere Gedankenspielerei, und das Reden von Gott verliert dann jeden Anspruch auf intellektuelle Ernsthaftigkeit.

Leider wird die zentrale Bedeutung und Dringlichkeit der an dieser Stelle nötigen Auseinandersetzung, sowie auch der Umfang der hier zu leistenden Arbeit in der gegenwärtigen Theologie noch oft unterschätzt. Das liegt zum Teil daran, daß viele Theologen offenbar immer noch glauben, Aussagen in bezug auf Gott durch Berufung auf eine unmittelbare Glaubensposition rechtfertigen zu können, aber es dürfte auch die verschiedensten sonstigen Gründe haben. Immerhin gibt es Ansatzpunkte für die Auseinandersetzung mit dem Atheismus um das Verständnis des Menschen. Ein solcher Ansatzpunkt liegt in der weit verbreiteten These vom Fragecharakter des menschlichen Daseins. Diese These ist bemerkenswerterweise sogar in der dialektischen Theologie — mit Ausnahme der mittleren Periode Barths —, aber auch weit darüber hinaus, z. B. bei Tillich, aufgetreten. Aber diese Formel ist allzu metaphorisch, und außer bei E. Brunner und Tillich bleibt auch oft zweifelhaft, ob es sich um eine Argumentation mit der phänomenalen Struktur des menschlichen Daseins handelt oder wiederum nur um eine theologische Behauptung. E. Brunner hat sich auf Gedankengänge der personalistischen Anthropologie Bubers und Ebners gestützt; aber deren auch von Gogarten übernommene These, daß das Ich des Menschen ohne Du undenkbar sei und letztlich nicht nur durch das mitmenschliche, sondern durch das absolute Du Gottes konstitutiert sei, beruhte auf einer Ablösung der personalen Ich-Du-Verhältnisse von den Sachbezügen menschlicher Welterfahrung, wie sie heute nicht mehr vertretbar ist. Tillichs These des unbedingten Anliegens, das jeden Menschen bewege, erscheint demgegenüber als plausibel, bildet aber eine zu schmale Basis, und die Entfaltung dieses Gedankens ist bei Tillich durch eine zu wenig reflektierte philosophische Sprache, die Terminologie von Essenz und Existenz, belastet. Weiterführend sind die Analysen des geistigen Lebens, die Tillich im dritten Band seiner Systematischen Theologie gegeben hat. Sie müßten vertieft werden durch ausdrückliche Berücksichtigung der hier einschlägigen anthropologischen Disziplinen. Gerade die Zuordnung der religiösen Thematik zu den übrigen Aspekten des menschlichen Lebens bleibt aber eigentümlich unklar durch Tillichs Unterscheidung zwischen Geist und Heiligem Geist. Sehr viel geschlossener ist eine anthropologische Rechtfertigung der religiösen Thematik in der katholischen Theologie von Karl Rahner entwickelt worden, allerdings belastet durch den Leitgedanken einer aller konkreten, geschichtlichen Erfahrung der Menschen vorgängigen „transzendentalen" Struktur des Menschseins. Ähnliche Schwierigkeiten sind mit der Hypothese eines religiösen Apriori verbunden, die heute noch von A. Nygren vertreten wird. Hier wie dort handelt es sich um Extrapolationen der kantischen Transzendentalphilosophie, die die ethizistische Engführung der Religionsphilosophie Kants vermeiden möchten, dabei aber den Begriff des Transzendentalen oder Apriorischen in einer theoretisch nicht zu rechtfertigenden Weise überdehnen. In der Linie der ethizistischen Engführung der an Kant anknüpfenden supranaturalistischen Theologie gelingt es heute am eindrucksvollsten G. Ebeling, die theologischen Implikationen der sittlichen Selbsterfahrung des Menschen herauszuarbeiten.

Die verschiedenen Ansätze zu einer theologischen Deutung der menschlichen Situation bieten durchweg Gesichtspunkte, die eine theologische Anthropologie, die sich der Herausforderung durch den Atheismus stellt, positiv aufnehmen muß. Eine solche theologische Anthropologie ist in der durch die atheistische Herausforderung entstandenen Lage keine bloße Nebenaufgabe der Theologie mehr. Durch die Anthropologisierung der Gottesidee und die entsprechende anthropologische Konzentration ihrer atheistischen Bestreitung fällt der theologischen Anthropologie heute der Rang einer Fundamentaltheologie zu.

Um der damit gestellten Aufgabe gerecht zu werden, ist es unerläßlich, daß die verschiedenen Disziplinen empirisch orientierter Anthropologie — Humanbiologie, Soziologie, Psychologie — mit ihren Methoden und ihrer Problematik umfassend berücksichtigt werden. Eine nur auf die ohne wissenschaftliche

Untersuchung zugängliche Selbsterfahrung des Menschen sich berufende These wie die Tillichs von der Bedeutung eines unbedingten Anliegens in jedem menschlichen Leben genügt in ihrer Allgemeinheit nicht mehr, so zutreffend sie sein mag. Ebensowenig genügen metaphorische Ausdrucksweisen wie die Wendung von der Fraglichkeit des Daseins. Das in solchen Wendungen Gemeinte muß auf der Ebene humanbiologischer, soziologischer, psychologischer Problematik als ein konstitutives Element des Menschseins aufgewiesen werden. Einen Versuch in dieser Richtung habe ich gemacht, indem ich im Anschluß an die anthropologische Skizze Max Schelers und in Auseinandersetzung mit A. Gehlen das Phänomen der menschlichen Weltoffenheit auf seine theologische Relevanz hin untersucht habe. Dabei ergaben sich Gründe, dieses Phänomen, in dem ja bereits eine Vielfalt von Eigentümlichkeiten der menschlichen Organisation und des menschlichen Verhaltens zusammengefaßt ist, als Ausdruck der Angewiesenheit des Menschen auf eine alles Vorhandene und alles Endliche überhaupt übersteigende unendliche Wirklichkeit zu verstehen, von der her allein die menschliche Selbstranszendenz diejenige Erfüllung und Ganzheit erwarten kann, auf die sie in ihrer Weltoffenheit angelegt ist. Ähnliche Untersuchungen wären beispielsweise im Hinblick auf die Bedeutung des sogenannten Urvertrauens für die Persönlichkeitsbildung und im Hinblick auf die Legitimationsbedürftigkeit sozialer Institutionen durchzuführen. Eine Vielfalt von Aufgaben solcher Art stellt sich auf dem Felde der Kulturanthropologie und Kulturgeschichte im Hinblick auf die Rolle der Religionen bei der Entwicklung des Menschen im Prozeß seiner Geschichte. So etwas wie einen ersten Eindruck von der hier vorliegenden Problematik vermittelt das Buch von J. Cobb: Die christliche Existenz, 1970.

Mit der Aufarbeitung der in der außertheologischen Forschung gewöhnlich nur implizit auftretenden religiösen Aspekte anthropologischer Sachverhalte muß sich die Teilnahme der Theologie an der philosophischen Selbstreflexion der Subjektivität verbinden. Diese Forderung setzt voraus, daß die moderne Subjektivitätsproblematik nicht nur historisch durch die Philosophie heraufgeführt worden ist, sondern daß sie auch in ihrem Zentrum Sache philosophischer Selbstreflexion bleibt und nicht voll auf die Psychologie übergehen kann. Der hier bestehenden Aufgabe kann die Theologie nicht schon dadurch genügen, daß sie sich auf den Boden eines der Entwürfe der modernen Subjektivitätsphilosophie stellt oder gar dessen Perspektive nach den Bedürfnissen der Theologie äußerlich modifiziert, wie es insbesondere mit der Transzendentalphilosophie Kants in verschiedener Weise geschehen ist. Vielmehr muß die Theologie sich auf die philosophische Diskussion der Letztbegründung der Subjektivität selbst einlassen, und zwar so, daß der Theologe sich angesichts der gesamten Geschichte des Denkens bis zur Gegenwart ein selbständiges Urteil über den problemgeschichtlichen Zusammenhang bildet, in dem sich niedergeschlagen hat, was über jede philosophische Position zur nächsten und übernächsten forttrieb. Erst aus einer selbständigen Aneignung der Problemgeschichte des philosophischen Denkens, nicht aus vereinzelter Anknüpfung an die eine oder andere Gestalt der Philosophie kann ein ernsthafter Beitrag der Theologie zur Begründungsproblematik der Subjektivität hervorgehen. Dabei muß die Frage nach der Möglichkeit der Freiheit, die Subjektivität erst als solche konstituiert, im Mittelpunkt stehen. Die zentrale Bedeutung dieses Themas für die Theologie wird durch die Aufmerksamkeit bestätigt, die der moderne Atheismus in seinen verschiedenen Ausprägungen ihm gewidmet hat. An der seit Fichte gestellten und bis heute offenen Frage, ob Freiheit als Selbstkonstitution des Subjekts möglich ist oder nur als geschenkte Freiheit oder gar nur als jeweiliges Widerfahrnis einer Befreiung gedacht werden kann, — an dieser Frage entscheidet sich, ob jeder Glaube an Gott die Verleugnung der Freiheit bedeuten muß oder ob der Ursprung der Freiheit selbst in der religiösen Thematik des Lebens zu suchen ist. Dabei wird auch im letzteren Falle die traditionelle Gotteslehre einer tief eingreifenden Revision im Lichte der Freiheitsproblematik unterzogen werden müssen; denn es gibt zweifellos Formen der Gottesvorstellung, die die menschliche Freiheit ausschließen, auch wenn das nicht für jedes mögliche Gottesverständnis gelten sollte. Für die klassische Gottesvorstellung der christlichen Scholastik z. B. läßt sich nicht behaupten, daß sie als Bedingung der menschlichen Freiheit zu verstehen sei; sogar ihre Vereinbarkeit mit der Freiheit unterliegt schweren Bedenken, wie schon die mittelalterliche Diskussion über das Verhältnis von göttlicher Präszienz und Prädestination zur menschlichen Freiheit zeigt. Wird Gott als allwissendes und allmächtiges, am Beginn der geschöpflichen Welt fertiges Wesen verstanden, so dürfte in der Tat keine menschliche Freiheit möglich sein, und umgekehrt schließt die Erfahrung der Freiheit den Glauben an die Existenz eines solchen Gottes aus, wie Nietzsche, N. Hartmann und J. P. Sartre mit Recht betont haben. Die Frage ist nur, ob es sich hierbei um eine Aporie handelt, die jeden Gottesgedanken überhaupt trifft, oder ob das Verständnis der Wirklichkeit Gottes in solcher Weise entwickelt werden kann, daß Gott als Grund der Freiheit des Menschen denkbar wird und nicht mehr als ihre Negation erscheint. Dabei wird die Theologie allerdings kaum um eine Überprüfung ihres Redens vom Sein Gottes herumkommen. Als ein Seiendes nach Analogie vorhandener Dinge gedacht könnte Gott, selbst wenn es einen solchen Gott gäbe, nur zur Gesamtheit alles dessen gehören, worüber die Freiheit hinausgeht. Grund der Freiheit kann kein vorhandenes Wesen sein, sondern nur eine der Freiheit ihre Zukunft erschließende Wirklichkeit, der kommende Gott.

Eine als Fundamentaltheologie fungierende theologische Anthropologie muß also, wenn sie sich der Herausforderung des Atheismus ernsthaft stellt, sowohl die verschiedenen anthropologischen Forschungsrichtungen mit ihren Methoden, Ergebnissen und Problemen als auch die Problemgeschichte der philosophischen Subjektivitätsreflexion unverkürzt in sich aufnehmen und im Hinblick auf ihre Implikationen für die religiöse Dimension des menschlichen Daseins thematisieren. Dabei dürfen die mehr empirischen Aspekte und die philosophische Subjektivitätsproblematik nicht auseinanderfallen, sondern müssen in ihrer sachlichen Zusammengehörigkeit erfaßt sein. Diese Zusammengehörigkeit ist übrigens schon dadurch gegeben, daß es bei der zusammenfassend als Weltoffenheit beschriebenen Eigentümlichkeit der Organisation und des Verhaltens der Menschen um nichts anderes geht als um die Außenseite der Freiheit, deren Innenaspekt in der Subjektivitätsproblematik thematisch wird.

3.

Zur Verständigkeit über Notwendigkeit und Möglichkeit einer der neuzeitlichen Konzentration der Gottesfrage auf das Selbstverständnis des Menschen und der atheistischen Herausforderung entsprechenden theologischen Anthropologie gehört auch die Frage nach ihren Grenzen. Von einer allgemeinen theologischen Anthropologie kann nicht mehr erwartet werden als der Aufweis der religiösen Dimension des Menschseins. Sie kann zeigen, daß die Thematik religiöser Erfahrung ebenso konstitutiv zum Menschsein gehört wie der aufrechte Gang oder die Fähigkeit zum Gebrauch von Feuer und Werkzeugen. Man wird von ihr jedoch nicht einen Beweis für die Wirklichkeit Gottes erwarten dürfen. Die These Kants von der Unmöglichkeit eines theoretischen Beweises für das Dasein Gottes wird mit dem von Hegel kritisierten abstrakten Dualismus der kantischen Philosophie, mit ihrer Trennung zwischen Subjekt und Objekt, nicht hinfällig. Hegel hatte gegen diese Trennung mit Recht eingewendet, daß in jeder Erkenntnis, sofern sie Erkenntnis ist, Subjekt und Objekt eins sind. Das macht geradezu den Begriff der Wahrheit aus. Es fragt sich nur, ob der Erkennende jemals definitiv in den Besitz der Wahrheit gelangt. Der Prozeß des Erkennens scheint vielmehr so zu verlaufen, daß das unmittelbar als wahr Erfaßte sich der mit dem Fortgang der Erfahrung verbundenen Reflexion immer wieder als bloße Teilwahrheit erweist. Das gilt auch für die Sphäre der religiösen Erfahrung. Hegel meinte, daß die religiöse „Erhebung des subjektiven Geistes zu Gott unmittelbar es enthält, daß in ihr sich das Einseitige des Erkennens, d. i. seine Subjektivität aufhebt" und daß diese Erhebung „wesentlich selbst dies Aufheben ist"[1]. In der Tat liegt der Sinn der religiösen Erhebung in der Vereinigung des Menschen mit der göttlichen Wirklichkeit, zu der er sich erhebt. So vereint auch der Glaube den Glaubenden mit Gott, wenn auch extra se. Bliebe die göttliche Wirklichkeit dem Menschen schlechterdings unzugänglich, so würde Religion zu einem sich selbst widersprechenden Begriff. In der religiösen Erhebung, soweit ihr Wahrheit eignet, wird der Mensch mit der göttlichen Wirklichkeit vereint, ähnlich wie der Erkennende bei der Erkenntnis — sofern sie wahr und also wirklich Erkenntnis ist — in seinem Bewußtsein mit dem Gegenstand vereint wird. Aber damit ist schon gesagt, daß die Wahrheit der religiösen Erkenntnis das Maß ihrer einigenden Kraft ist. Das gilt auch für den Glauben, wenn anders Glaube nicht ohne alle Kenntnis dessen möglich ist, worauf er sich verläßt. Dann aber läßt sich daraus, daß die religiöse Dimension zu den konstitutiven Elementen des Menschseins gehört, nicht auf das Dasein Gottes schließen. Es könnte ja auch sein, daß der Mensch durch seine Natur selbst auf eine Illusion angelegt ist, die er dann allerdings im Gegensatz zu den atheistischen Illusionstheorien nicht als solche durchschauen könnte, weil er sie kraft seiner Wesensnatur immer wieder selbst vollzieht. Allgemeine anthropologische Erwägungen können nie über den Punkt hinausführen, daß es zum wachen Menschsein gehört, daß der Mensch seines Verwiesenseins auf eine alles Endliche übersteigende und tragende und in diesem Sinne göttliche Wirklichkeit gewahr ist. Das meinte Kant mit der Einschränkung seines moralischen Argumentes auf praktische im Unterschied zu theoretischer Gültigkeit. Diese Schranke ist aufs engste verbunden damit, daß die Gottesfrage in der Neuzeit auf das Selbstverständnis des Menschen zurückgefallen ist:

[1] Vorlesungen über die Beweise vom Dasein Gottes, ed. G. Lasson PhB 64, 44.

Nur in dem Maße, in dem das Reden von Gott Anhaltspunkte auch in der außersubjektiven Wirklichkeit hat, kann der Mensch voraussetzen, daß er nicht etwa in einer durch die Struktur seiner Subjektivität bedingten Illusion gefangen ist, sondern Gott als Wirklichkeit erfährt. Die göttliche Wirklichkeit, auf die der religiös wache Mensch sich in der Struktur seiner Subjektivität verwiesen findet, begegnet als Wirklichkeit nur im Zusammenhang der Welterfahrung, indem Freiheit im Zusammenhang der geschichtlichen Welt eines Menschen in jeweils bestimmter Weise Ereignis wird und so die göttliche Wirklichkeit, auf die der Mensch sich in der Struktur seiner Subjektivität angewiesen findet, im Ereignis der Freiheit sich als Macht über den Weltzusammenhang und damit als Wirklichkeit erweist. In dieser Erfahrung erst hat auch die Erkenntnis der göttlichen Wirklichkeit als personhaft, als Gott, ihren Ort, sofern sie als zur Freiheit befreiendes Wirken erfahren wird. Worin aber konkret der Mensch seine Freiheit findet, das hat im Verlaufe der Geschichte der Individuen und der Völker vielerlei Wandlungen durchgemacht. Es ist der subjektive Aspekt der Religionsgeschichte, als Korrelat zum Verständnis der Weltwirklichkeit, deren Ganzheit sich jeweils durch religiöse Erfahrung erschlossen hat.

Die letzten Erwägungen fallen nicht etwa wieder zurück hinter die neuzeitliche Konzentration der Gottesfrage auf das Verständnis des Menschen. Es gibt keine Vergewisserung der Wirklichkeit Gottes mehr, die an der Problematik des Selbstverständnisses des Menschen vorbei führte. Es gibt keinen direkten Weg mehr von der Naturerkenntnis zur Gotteserkenntnis, und auch eine Interpretation der Trägheit im Lichte der Kontingenz des Naturgeschehens wird nicht zurückführen zu Gottesbeweisen aus der Physik. Wohl aber gibt es neben einem unmittelbaren Verhältnis zu den Weltphänomenen ein Verhältnis des Menschen zur Welt, das nicht gegen sein Verhältnis zu sich selbst isoliert ist, sondern bei dem der Mensch in der Erfahrung seiner Welt sich selbst erfährt. Und diese durch das Verhältnis des Menschen zu sich selbst vermittelte Erfahrung seiner Welt ist es, in der ihm die Wirklichkeit der Dimension aufgeht oder auch entzogen bleibt, auf die er in der Struktur seiner Subjektivität verwiesen ist. Das gilt für die Geschichtlichkeit der individuellen Erfahrungen ebenso wie für die Allgemeinheit der theologischen Reflexion: Der abstrakten Beschäftigung mit der Struktur der Subjektivität kann die Wirklichkeit Gottes nicht zu Gesicht kommen, sondern allenfalls die offene Fraglichkeit des Menschseins als Frage nach Gott. Die Wirklichkeit Gottes, auf die der Mensch in der Struktur seiner Subjektivität verwiesen ist, begegnet erst, wo er im Zusammenhang seiner Welt in der Erfahrung der Freiheit sich selbst geschenkt wird.

Dabei ist die soeben als abstrakt gekennzeichnete Besinnung auf die Struktur der Subjektivität — sei es auf die Subjektivität überhaupt oder existenziell auf das eigene Selbst — für die Erfahrung der Wirklichkeit Gottes nicht etwa belanglos. Vielmehr weiß heute nur derjenige, der durch die Selbstreflexion hindurchgegangen der Verwiesenheit seiner Subjektivität auf eine tragende göttliche Wirklichkeit innegeworden ist, daß er es im Geschenk der Freiheit wie in ihrem Ausbleiben im Zusammenhang seiner geschichtlichen Welt mit der Wirklichkeit Gottes zu tun hat.

Damit ist auch schon gesagt, daß die Verweisung der Frage nach der Wirklichkeit Gottes von der Anthropologie an die Erfahrung geschenkter Freiheit im Zusammenhang der Welterfahrung nicht etwa den Glauben an Gott zur Sache einer frommen Entscheidung oder einer übernatürlichen Lebensdeutung macht. Vielmehr geht es dabei in aller Nüchternheit um die jeweilige Geschichtlichkeit menschlicher Welt- und Selbsterfahrung, und der Stoff einer Theologie, die auf diesen Erfahrungszusammenhang reflektiert, ist nicht die aus einer Glaubensentscheidung lebende fromme Subjektivität, noch auch eine durch Offenbarungsautorität im vorhinein festgelegte religiöse Weltdeutung, sondern die Religionsgeschichte als das Archiv der Wandlungen geschichtlicher Erfahrung der Menschen von sich selbst im Zusammenhang des Ganzen ihrer Welt, und darin von der Wirklichkeit Gottes und der Götter. Die Wahrheit solcher Erfahrung hängt an ihrer erhellenden Kraft für die Situation der Menschen in ihrer geschichtlichen Welt. Religionen haben sich gebildet, soweit die Leuchtkraft der sie begründenden Erfahrungen trug, und sind untergegangen, wo ihr Licht versagte. Dennoch sind über Wahrheit und Unwahrheit solcher Erfahrungen die Akten ebensowenig schon endgültig geschlossen wie über Wahrheit und Unwahrheit unserer Erkenntnisse überhaupt. Der Fortgang der Erfahrung bedeutet nicht immer auch ein Wachstum der Erkenntnis, sondern allzu oft nur die Ablösung eines Vorurteils durch ein anderes. Darum fehlt dem religiösen wie allem geistigen Leben nicht nur die Endgültigkeit der Wahrheit, sondern auch die Eindeutigkeit des Fortschritts in der Erkenntnis der Wahrheit. Die Endgültigkeit von Wahrheit und Unwahrheit und damit auch die Nähe oder Ferne geschichtlicher Epochen zur Wahrheit wird erst im Lichte des Endes aller Dinge sichtbar. Alle menschliche Erfahrung aber ist noch auf dem Wege. Sie ist nicht getrennt von der Wahrheit. Doch die Wahrheit, die sich ihr zeigt, bleibt auf ihre Tragfähigkeit stets noch zu erproben im Gang durch wechselnde Horizonte weiterer Erfahrungen.

Reden von Gott angesichts atheistischer Kritik*

Es ist noch nicht allzulange her, daß die Frage der „natürlichen" Gotteserkenntnis zu einer der konfessionellen Unterscheidungslehren geworden zu sein schien, die Protestanten und Katholiken trennen. Karl Barth sah in jeder „natürlichen" Gotteserkenntnis und „natürlichen" Theologie den Gegner einer an der Christusoffenbarung orientierten Theologie, weil es unabdingbar zur Offenbarung gehöre, daß sie und erst sie den Menschen die Erkenntnis Gottes erschließe. Barths Kampf gegen „natürliche" Theologie bildete den Höhepunkt und Abschluß einer seit Schleiermacher und Ritschl in der evangelischen Theologie wachsenden Kritik gegenüber der traditionellen philosophischen Gotteslehre und ihrer Verwendung in der Theologie. Schleiermacher hatte die sogenannte natürliche Gotteserkenntnis als eine bloße Abstraktion aus den konkreten historischen Religionen charakterisiert, näherhin als Abstraktion der den Religionen der höchsten, monotheistischen Stufe gemeinsamen Züge. Dadurch verlor die „natürliche" Theologie ihre Selbständigkeit gegenüber den positiven Religionen und erschien als etwas Sekundäres, aus jenen nur Abgeleitetes. Ritschl und noch mehr W. Herrmann verschärften die Kritik Schleiermachers, indem sie mit der „natürlichen" Theologie alle metaphysischen Elemente aus der christlichen Gotteslehre verbannten und diese statt dessen auf die Ethik gegründet wissen wollten. Barth endlich, obwohl er aus der Schule Ritschls hervorgegangen war, rechnete auch eine auf den Bahnen Kants ethisch begründete Gotteserkenntnis zur „natürlichen" Theologie, der gegenüber die Christusoffenbarung als alleinige Quelle wahrer Gotteserkenntnis zu behaupten war. So läßt sich auf

* Zuerst in: Ev. Kommentare 2, 1969, 442–446 (Gastvorlesung an der katholisch-theologischen Fakultät Freiburg/B. am 22. 10. 1968).

dem Wege von Schleiermacher zu Barth eine fortschreitende Ausweitung des Begriffs der „natürlichen" Theologie als polemischen Gegenbegriffs zur christlichen Offenbarungstheologie feststellen, zugleich mit einer fortschreitenden Verengung des Selbstverständnisses der christlichen Offenbarungstheologie selbst.

Die Ablehnung „natürlicher" Theologie hat bei Barth eine gegenüber Schleiermacher ganz neue, aber schon bei Ritschl angebahnte Funktion gewonnen: Sie wurde zum Instrument theologischer Apologetik gegenüber der atheistischen Kritik des Gottesgedankens der Metaphysik wie auch der Religionen. Wenn der Theologe mit keiner Gotteserkenntnis außerhalb des Wirkungsbereichs der Christusoffenbarung zu rechnen hat, dann ist es ganz verständlich, wenn der Nichtchrist von Gott nichts wissen will. Der Atheismus kann dann geradezu als Bestätigung der Exklusivität der Offenbarung geschätzt werden, als Bestätigung ihres Anspruchs und ihrer Verheißung, allein Gotteserkenntnis zu bieten. In diesem Sinne hat man mit Recht gesagt, daß Barths Theologie den Atheismus Feuerbachs in ähnlicher Weise zur Voraussetzung habe wie die scholastische und altprotestantische Theologie sich auf eine natürliche Gotteserkenntnis und Theologie gründete. Dietrich Bonhoeffer hat, als er eine religionslose Christusverkündigung forderte, theologisch nur die Konsequenz aus der Position seines Lehrers Barth gezogen.

Die Art und Weise, wie bei Barth und in seinem Gefolge Feuerbachs Religionskritik theologisch akzeptiert wurde, war immer schon schwerwiegenden Bedenken ausgesetzt. Schließlich hatte Feuerbach, wie auch seine atheistischen Nachfahren Marx und Freud, in erster Linie das *Christentum* und den *christlichen* Gottesgedanken als Produkt menschlicher Selbstentfremdung entlarven wollen. Daher mußte sich die Frage melden, mit welchem Recht Feuerbachs oder seiner Nachfolger Beschreibung der Religion als Projektion menschlicher Ängste und Sehnsüchte in einen imaginären Himmel für die *außerchristlichen* Religionen und die *außerchristliche* Philosophie akzeptiert, ausgerechnet für das Christentum aber eine Ausnahme postuliert werden kann. Angesichts der weitgehenden Analogien des Christentums und seiner als Offenbarungszeugnis behaupteten heiligen Schriften mit anderen Religionen und deren Dokumenten konnte das Postulat, es handle sich beim Christentum dennoch um etwas gänzlich anderes, nämlich nicht um menschliche Religion, sondern um göttliche Offenbarung, nur als nackte Behauptung — und zwar als durchaus menschliche Behauptung — auftreten. Die Theologie schien es sich dabei allzu leicht zu machen, mit einem Schlage sowohl der atheistischen Kritik als auch der Auseinandersetzung mit den außerchristlichen Religionen und mit der Philosophie sich zu entledigen.

Solche Bedenken konnten freilich die extrem offenbarungstheologische Position der Barthianer nicht erschüttern. Sie trafen sie nur von außen. Die Offenbarungstheologie konnte sich solcher Zweifel verhältnismäßig einfach dadurch erwehren, daß sie auf der Einzigartigkeit und Ausnahmestellung der Christusoffenbarung bestand. Ernster ist ihre Lage geworden, seit sich auch von innen, vom Thema der Theologie selbst her, sofern sie Auslegung der Christusoffenbarung ist, die Unhaltbarkeit einer exklusiv offenbarungstheologischen Position zeigt. Das geschah durch die Erkenntnis, daß auf dem Boden einer exklusiven Offenbarungstheologie der Gebrauch des Gottesgedankens selbst nicht mehr zu rechtfertigen ist. Die gegenwärtigen Tendenzen zur Auflösung und Ausscheidung des Gottesgedankens in der evangelischen Theologie müssen als Konsequenz des Weges verstanden werden, der mit der Ablehnung der sogenannten natürlichen Gotteserkenntnis und damit zugleich auch aller philosophischen Theologie begann. Die Bestürzung über das Ende, zu dem dieser Weg geführt hat, sollte jedoch nicht die Reaktion hervorrufen, daß dieser Weg in jeder Hinsicht falsch gewesen sei. Es ist mehr als fraglich, ob man heute den Faden einfach dort wieder aufnehmen könnte, wo die Kritik an der „natürlichen" Theologie der Scholastik und der Aufklärung begann. Die für den Weg ihrer kritischen Auflösung entscheidenden Motive und Argumente dürfen nicht vergessen werden: Schleiermachers Einsicht, daß alle konkrete Religion historisch ist, die philosophische oder sogenannte „natürliche" Theologie also auf Abstraktion beruht; Ritschls Erkenntnis, daß der Gottesgedanke allein aus der vorhandenen Welt, mit der sich unsere theoretische Erkenntnis befaßt, nicht begründet werden kann; endlich Barths Argument, daß der Begriff der Offenbarung entleert wird, wenn man definitive und ernsthaft so zu nennende Erkenntnis des Gottes, dessen Offenbarung die biblischen Schriften bezeugen, auch anderswo schon findet.

Diese Einsichten verbieten es in der Tat, einfach die Linie der alten „natürlichen" Theologie fortzusetzen – selbst wenn das im Hinblick auf die philosophische Situation der Gegenwart möglich wäre. Doch bei aller Würdigung der Motive, die die evangelische Theologie auf den Weg einer sich zunehmend verschärfenden Kritik aller außerchristlichen Gotteserkenntnis geführt haben, muß doch gesehen werden, daß dieser Weg in seiner Konsequenz eben zur Auflösung des Gottesgedankens selbst führte: Herbert Brauns Entmythologisierung des Gottesgedankens, Robinsons „Honest to God" und die amerikanischen „Death of God"-Theologen sind die Erben Barths und Bultmanns. Wenn nämlich aller philosophischen Theologie der Abschied gegeben ist, wie soll dann noch das Festhalten an Jesu Reden von Gott gerechtfertigt werden? Etwa nur auf die menschliche Autorität Jesu hin? Wäre nicht der Gottesgedanke dann eher zu den zeitbedingten Zügen seines Auftretens zu rechnen, zumal Jesus offensichtlich den Gedanken Gottes und seiner kommenden Herrschaft als seiner Umgebung geläufig schon voraussetzte? Gäbe man aber den Gottesgedanken Jesu preis, der ohne Zweifel das Zentrum seiner Botschaft bildete, dann würde es beinahe aussichtslos, noch eine Verbindung zu dem, was für Jesus selbst zentral war, zu behaupten, eine Sachkontinuität, die den Titel „christlich" weiterhin rechtfertigen könnte. Und wie steht es eigentlich mit der menschlichen Autorität Jesu, wenn man von seiner Gottesverkündigung absieht?

Man wird der Menschlichkeit Jesu, dem Bild einer unbedingten und gesetzesfreien Liebe, dann allenfalls noch partielle Relevanz für die Erhellung wahrer Humanität zubilligen können, da ja offensichtlich, wie etwa Jaspers hervorgehoben hat, ganze Bereiche der Realität menschlichen Daseins, insbesondere der Weltgestaltung, bei Jesus unberücksichtigt geblieben sind. Allgemeingültigkeit kann die Menschlichkeit Jesu nur dann haben, wenn sie im Lichte seiner Botschaft von Gott und dessen naher Herrschaft verstanden wird, und zwar wird sich die Allgemeingültigkeit der Menschlichkeit Jesu dann gerade darauf beziehen, daß der Mensch überhaupt zur Gemeinschaft mit Gott bestimmt ist in allem, was sonst noch zu seiner Humanität gehören mag. Lehnt man eine Bezogenheit des Menschen auf eine ihn und alles Endliche übersteigende und insofern geheimnisvolle Wirklichkeit, die wir Gott nennen, ab als irrelevant für das Verständnis des Menschseins, dann wird man auch der Menschlichkeit Jesu keine Allgemeingültigkeit mehr zuerkennen können. Es ist darum nur konsequent, daß Thomas Altizer mit dem Gottesgedanken auch den historischen Jesus von Nazareth hinter sich lassen will und nur an einer von Jesus abgelösten Christusidee festhält. Wer mit Jesu Botschaft von Gott nichts mehr anzufangen weiß, der wird sich in der Tat besser nach anderen Leitbildern der Humanität umsehen, an denen die Selbstverwirklichung des Menschen in der Welt solidere Orientierung findet als bei Jesus.

Hat es die mögliche Allgemeingültigkeit der Menschlichkeit Jesu, also ihre humane Autorität, für uns bereits mit der Gottesfrage des Menschen zu tun, so kann sie weder von der Gottesverkündigung Jesu losgelöst erhalten bleiben, noch auch ihrerseits etwa die Basis werden für ein christliches Reden von Gott. Es liefe auf eine Art Selbstbetrug hinaus, wollte man nur um Jesu willen, auf seine Autorität hin, an den von ihm verkündeten Gott glauben; denn die menschliche Autorität Jesu ist ja ihrerseits, wie schon gesagt, allein durch seine Boschaft von Gott und vom Kommen seiner Herrschaft haltbar begründet. Das bedeutet aber, daß die Autorität der Gestalt Jesu — ebenso wie die Botschaft des historischen Jesus selbst — immer schon ein vorläufiges Wissen von Gott voraussetzt. Nur für den schon von der Gottesfrage bewegten oder jedenfalls durch Jesus von ihr angerührten Menschen kann der Mensch Jesus begründete Autorität gewinnen. Die Autorität Jesu ist in seiner Botschaft vom Kommen der Gottesherrschaft begründet, nicht umgekehrt. Heutige Theologen, die den Gottesgedanken preisgeben, aber an Jesus festhalten oder durch die menschliche Autorität Jesu Gott wiederfinden wollen, zeigen damit eine als genuin christlich zu respektierende Anhänglichkeit an die Gestalt Jesu. Aber sie täuschen sich darüber, daß die Wirkung auch der menschlichen Züge der Gestalt Jesu in christlicher Tradition und Frömmigkeit vermittelt ist durch das göttliche Licht, in dem sie seine Gestalt nicht mehr sehen wollen. Wir wollen dieser Täuschung nicht erliegen, sondern uns darüber klar sein, daß die Preisgabe des Gottesgedankens ein Ende des Christentums überhaupt in greifbare Nähe rücken würde. Die Relativierung einer ihres Zentrums, der Botschaft vom Kommen Gottes, beraubten Gestalt Jesu wäre für die Kritiker des Christentums nur noch ein Kinderspiel im Vergleich zum Kampf um den Gottesgedanken. Durch eine Preisgabe des Gottesgedankens würde die apologetische Aufgabe der christlichen Theologie nicht etwa erleichtert, wie seltsamerweise manche Christen zu denken scheinen, sondern unvergleichlich erschwert, ja vollends aussichtslos.

Wer den Zusammenhang durchschaut, der den Kampf gegen ein im christlichen Glauben schon vorauszusetzendes, vorgläubiges Gottesbewußtsein mit der Entmythologisierung oder besser kritischen Eliminierung des Gottesgedankens aus der Theologie verbindet, und wer weiter das volle Gewicht der Konsequenzen zu ermessen sucht, die sich damit für die christliche Heilsbotschaft ergeben, der wird nur so Theologe bleiben können, daß er die bereits aufgegebene Frage nach der im christlichen Glauben immer schon vorausgesetzten und dann auch immer schon irgendwie zu Bewußtsein gekommenen Beziehung des Menschen zu Gott wieder aufnimmt. Nur wenn der Mensch, auch außerhalb der christlichen Botschaft, in seinem Menschsein auf die Wirklichkeit Gottes bezogen ist, von der die Botschaft Jesu herkommt, nur dann kann die Gemeinschaft mit Jesus für ihn das Heil bedeuten. Wenn aber der Mensch auch außerhalb der christlichen Botschaft immer schon auf den Gott bezogen ist, den Jesu Botschaft voraussetzte, dann muß der Mensch auch immer schon irgendwie ein Bewußtsein von dieser sein Menschsein konstituierenden Bezogenheit gehabt haben. Denn ein mit Selbstbewußtsein begabtes Wesen kann sich zwar täuschen über das, was sein Selbstsein konstitutiert, aber es kann ihm nicht schlechterdings verborgen bleiben.

Mit anderen Worten: Die Welt der außerchristlichen Religionen muß von neuem ins Zentrum theologischer Aufmerksamkeit rücken, wenn behauptet werden soll, daß ein Bezug zu der Wirklichkeit, die wir Gott nennen, für den Menschen als solchen und überall konstitutiv ist. Die Welt der Religionen und die in ihnen sich dokumentierende religiöse Anlage des Menschen schlechthin ist das Feld, auf dem sich die Theologie der Auseinandersetzung mit dem Atheismus stellen muß. Der Theologe, der hier ausweicht, handelt wie ein Revolutionär, der mit dem Establishment paktiert in der Hoffnung, daß es von selbst zerfällt. Wenn die religiöse Anlage des Menschen als entscheidend für jede Rechtfertigung eines Redens von Gott behauptet wird, so ist damit schon gesagt, daß sich am Verständnis des Menschen vor allem Haltbarkeit oder Unhaltbarkeit solchen Redens entscheiden muß.

Es ist kein Zufall, daß der neuzeitliche Atheismus spätestens seit Feuerbach seine Argumentation auf die Anthropologie konzentriert hat, wie es bei Marx, Nietzsche, Freud, Sartre deutlich ist. Die atheistische Argumentation entspricht damit der anthropologischen Konzentration, die sich in der neuzeitlichen Geschichte der philosophischen Theologie, speziell der Gottesbeweise, vollzogen hat. Kants Kritik der rationalen Theologie bezog sich auf die im Rahmen der objektiven Welterkenntnis begründeten theoretischen Argumente für das Dasein Gottes. Sein eigener moralischer Gottesbeweis hingegen kreiste um die Frage nach einem angemessenen Selbstverständnis des Menschen in seiner sittlichen Bestimmung. Die idealistische Erneuerung der alten Gottesbeweise aber geschah, indem sie selbst anthropologisch interpretiert wurden: Hegel deutete den kosmologischen und den kosmoteleologischen Beweis als abstrakt philosophischen Ausdruck der religiösen Erhebung des Menschen über die Endlichkeit zum Gedanken des Unendlichen. Und auch beim ontologischen Beweis fand er das Hauptproblem darin, wie der menschliche Geist sich erheben könne zu *dem* Begriff Gottes, in welchem seine Existenz schon mitgedacht ist.

Es ließe sich zeigen, daß schon bei so verschiedenen Vätern des neuzeitlichen Denkens wie Descartes und Locke ebenfalls Ansätze zu einer anthropologischen Konzentration oder Neuformulierung der Gottesbeweise erkennbar sind. Dieser Trend dürfte damit zusammemhängen, daß die theoretische Welterkenntnis der neuzeitlichen Physik — im Gegensatz zur Physik des Averroes und trotz Newton — des Gedankens einer ersten Ursache nicht mehr bedurfte. Der methodische Atheismus der neuzeitlichen Naturwissenschaft ließ das ganze Gewicht der Gottesfrage auf den Menschen zurückfallen. Daher war es nur konsequent, daß auch der neuzeitliche Atheismus seine Argumentation auf die Anthropologie konzentrierte und zu zeigen versuchte, daß der Gottesgedanke, wie er in den religiösen und philosophischen Dokumenten der Menschheit Ausdruck gefunden hat, durch und durch als eine Projektion menschlicher Vorstellungen in einen imaginären Himmel zu verstehen sei. Dabei wird der Atheismus übrigens noch nicht durch den Gedanken begründet, daß alle menschlichen Vorstellungen und Aussagen von und über Gott Produkte des menschlichen Geistes seien. Auch Kant und den Idealisten galt der Mensch in seinem religiösen Denken wie in seinem gesamten geistigen Leben als produktive Subjektivität. Entscheidend ist die Frage, ob die Hervorbringung eines Gottesgedankens zum Menschsein des Menschen gehört oder ob sie sich als ein

Selbtsmißverständnis des Menschen und also als Irrtum dartun läßt. Sahen Kant, der späte Fichte, Schleiermacher, Hegel den Menschen als das über sich und alles Endliche hinaus auf eine das Endliche transzendierende Wirklichkeit verwiesene Wesen, so daß erst die Erhebung zu Gott den Menschen von der Befangenheit im Endlichen befreit, so haben umgekehrt Feuerbach und seine Nachfolger bis hin zu Sartre im Gottesgedanken ein Hindernis menschlicher Freiheit bekämpft. Die durch den modernen Atheismus gestellte Kernfrage lautet: Setzt der Mensch im Vollzug seines Daseins eine ihm und allem Endlichen jenseitige, ihn gerade im Akt seiner Freiheit tragende und zur Freiheit erst befähigende Wirklichkeit voraus, auf die sich alles Reden von Gott bezieht? Oder schließt vielmehr die Freiheit des Menschen das Dasein eines Gottes aus, so daß mit Nietzsche, Nicolai Hartmann, Sartre um der Freiheit des Menschen willen das Nichtsein Gottes, nicht dessen Dasein, postuliert werden muß? Dies dürfte die Kernfrage sein, mit der der moderne Atheismus steht und fällt und deren Entscheidung eine zwar für sich allein noch nicht hinreichende, aber unentbehrliche Grundbedingung jeder Rechtfertigung eines Redens von Gott ist.

Diese Feststellung bedeutet, daß eine erste und fundamentale Entscheidung zwischen Theologie und Atheismus tatsächlich im Verständnis des Menschen, in der Anthropologie, fällt[1]. Man kann dagegen einwenden, daß der Gottesgedanke es nie nur mit dem Menschen, sondern immer auch mit der Welt zu tun hat. Das gilt in der Tat auch dann noch, wenn von der Welterkenntnis für sich betrachtet kein Weg mehr zum Gottesgedanken führt. Der Ausgangspunkt aber muß dann bei der Frage nach einem angemessenen Verständnis des Menschseins liegen. Auch Argumente, deren Form das nicht ohne weiteres erkennen läßt, sind in diesem Sinne anthropologisch fundiert, soweit sie überhaupt sinnvoll bleiben. Für den kosmologischen und den kosmoteleologischen Beweis hat Hegel das

[1] In diesem Sinne kann man der Formulierung Herbert Brauns zustimmen: „Der Atheist verfehlt den *Menschen*" – ZThK, Beiheft 2, 1961, 18.

gezeigt. Aber auch das Argument von der Kontingenz alles in der Erfahrung Gegebenen her ist nur schlüssig für den Menschen, der nach einem aus sich selbst Seienden als letztem Grund alles Wirklichen fragt. Der Gedanke, daß alles Kontingente für sein Sein ein aus sich Seiendes voraussetze, ist selbst schon eine Form der Erhebung des Menschen über den Umkreis des Endlichen zum Gedanken eines Nichtendlichen.

Es bleibt also dabei, daß das Verständnis des Menschen, die Anthropologie, über den Zugang zum Gottesgedanken im Streit zwischen Theologie und Atheismus entscheidet, obwohl die endgültige Haltbarkeit eines jeden behaupteten Gottesgedankens darüber hinaus am Weltverständnis hängt, daran nämlich, inwieweit ein behaupteter Gott als die alles bestimmende Wirklichkeit verstehbar wird.

Die atheistische Behauptung, der Gottesgedanke sei Ausdruck einer Selbstentfremdung des Menschen und bedrohe die menschliche Freiheit und damit die Humanität selbst, darf nicht leicht genommen werden. Sie zwingt die Theologie, wenn diese sich dem Gewicht des Argumentes stellt, zumindest zu einer einschneidenden Neuformulierung des Gottesgedankens. An den Schlüsselproblemen des göttlichen Vorherwissens und der Prädestination zeigt sich nämlich, daß der traditionelle christliche Theismus tatsächlich in einem antinomischen Verhältnis zur menschlichen Freiheit steht, so sehr auf der anderen Seite die Gottebenbildlichkeit des Menschen den Gedanken der menschlichen Bestimmung zur Freiheit als Abbild der schöpferischen Freiheit Gottes gefördert hat. Die Dispute der Scholastik über die göttliche Präszienz und Prädestination dokumentieren, daß die an dieser Stelle bestehende Spannung des Gottesverständnisses zur menschlichen Freiheit durchaus schon damals empfunden wurde. Und man wird schwerlich behaupten dürfen, daß die hier aufbrechenden Schwierigkeiten in der traditionellen Theologie jemals befriedigend gelöst worden wären. In ihnen wirkt sich eine mit dem traditionellen christlichen Theismus verbundene, obwohl für den christlichen Gottesgedanken vielleicht nicht schlechterdings konstitutive Ontologie des göttlichen Seins aus, die Gott nach Analogie des sonst vorhandenen Seienden dachte. Wenn die Ewigkeit Gottes als die grenzenlose Dauer eines von Anfang an bestehenden Wesens gedacht wird, dann muß die Allmacht und allwissende Vorsehung dieses Gottes den Weltprozeß von Anfang an in allen Einzelheiten festgelegt haben, und dann bleibt für echte Freiheit irgendeines Geschöpfes kein Raum.

Es ist bekannt, wie sehr sich die christliche Theologie bemüht hat, dieser Konsequenz auszuweichen, die mit einer ganzen Reihe genuin christlicher Überzeugungen kollidieren mußte, so mit der Tatsache der Sünde, die sich nur mühsam in einen von Anfang an bestehenden göttlichen Weltplan einordnen ließ, und ebenso mit dem Gnadencharakter der Erlösung als einer freien, durch nichts im voraus festgelegten Tat Gottes. Der Konflikt zwischen der Kontingenz geschichtlicher Erfahrung und insbesondere der menschlichen Freiheit auf der einen und dem Gedanken der göttlichen Vorsehung und Prädestination auf der andern Seite ließ sich nicht fortschaffen. Weder die Auskunft, daß Gott das freie Geschehen als solches vorhersehe, noch auch die Erwägung, das Gottes Ewigkeit gleichzeitig sei zu aller Zeit und daher das zeitliche Geschehen nicht prädeterminiere, konnten durchschlagende Abhilfe bringen, so lange das Sein Gottes für jeden vergangenen Zeitpunkt und also auch für den Anfang aller zeitlichen Prozesse als in sich bereits vollkommen und abgeschlossen gedacht wurde.

Diese Auffassung, die als unmittelbar mit dem Gedanken der Ewigkeit Gottes gegeben erscheinen konnte, scheint im traditionellen christlichen Theismus nirgends in Frage gestellt worden zu sein. Macht man sie sich aber zu eigen, dann nützen alle nachträglichen Vorkehrungen nichts mehr, die unerwünschte Konsequenzen dieser Voraussetzung abbiegen sollen. Ein am Anfang aller zeitlichen Prozesse zu denkendes allmächtiges und allwissendes Wesen schließt Freiheit im Bereich seiner Schöpfung aus. Umgekehrt, wenn Freiheit die Fähigkeit ist, über das Vorhandene hinauszugehen, es zu distanzieren oder zu verändern, dann bedeutet solche Freiheit auch, über einen etwa zur Gesamtheit des Vorhandenen gehörenden Gott hinausgehen zu können. Daher konnte Sartre die für die Ohren des Gläubigen unerträglichste Zuspitzung des Atheismus formulieren: „Selbst wenn es einen Gott gäbe, würde das nichts ändern"[2] — nichts ändern nämlich an der Situation des Menschen, seiner Freiheit überantwortet und damit immer schon über sich selbst hinaus, außerhalb seiner selbst und alles vorhandenen Seienden zu sein. Weil aber der Mensch über einen als vorhandenes Wesen gedachten Gott hinausgehen, ihn distanzieren könnte wie alles bloß Vorhandene, darum wäre schließlich ein solcher Gott gar nicht Gott; denn er wäre nicht mehr als die alles bestimmende Wirklichkeit denkbar, weil er nicht mehr die Freiheit des Menschen, diese vorausgesetzt, bestimmen könnte, sondern von ihr übergangen würde. In diesem Sinne ist Bultmanns Feststellung richtig, daß Gott nicht als Objekt gedacht werden könne, nämlich nicht als vorhanden so wie anderes Seiendes vorhanden ist[3]. Gott wäre dann schon nicht mehr als „Gott" gedacht.

Doch eben dieser Ungedanke eines Gottes, der ein mit Allmacht und Allwissenheit ausgestattetes vorhandenes Seiendes wäre, dieser Ungedanke ist es, gegen den die atheistische Kritik sich im Namen der Freiheit des Menschen wendet. Man kann nicht sagen, daß das im Hinblick auf den traditionellen christlichen Theismus puren Unverstand offenbarte. Die christliche Gotteslehre hat vielmehr in der Tat und in aller Unschuld Gott nach Analogie des Vorhandenen gedacht. Sie hat damit den biblischen Gedanken des allmächtigen göttlichen Geschichtshandelns verbunden und bemühte sich dann vergeblich, die ruinösen Konsequenzen abzubiegen, die sich aus dieser Kombination ergaben. Hier ist die atheistische Kritik im Recht. Ein mit Allmacht und Allwissenheit handelndes *vorhandenes* Wesen würde Freiheit unmöglich machen. Aber ein solches Wesen wäre auch nicht Gott, weil es nicht die alles bestim-

[2] J. P. Sartre, Ist der Existenzialismus ein Humanismus? in: Drei Essays, 1963, 36.

[3] Glauben und Verstehen I, 26 ff.

mende Wirklichkeit sein könnte, da zumindest die Wirklichkeit der Freiheit, der Subjektivität des Menschen ihm entzogen bliebe.

Der biblische Gedanke der Allmacht Gottes steht also in einem unauflöslichen Konflikt zum Verständnis Gottes als eines vorhandenen Seienden. Gott wäre von der Theologie gerade als Ursprung der Freiheit, als die die Subjektivität des Menschen ermöglichende Wirklichkeit zu denken[4]. Das würde übereinstimmen damit, daß die theologische Tradition den Menschen gerade in seiner Freiheit als Bild Gottes gedacht hat, besonders aber damit, daß bei Paulus wie bei Joahnnes das Wort Freiheit zusammenfassend das Heil aussagt, das durch das Geschehen der Versöhnung, durch Menschwerdung und Tod des Logos, durch das Wirken des Gottesgeistes jetzt schon ermöglicht ist. Will die christliche Theologie aber heute Gott als Ursprung der Freiheit des Menschen denken, dann kann sie ihn nicht mehr als ein vorhandenes Seiendes denken. Die Zeit der metaphysischen Unschuld in dieser Frage ist vorbei. Was uns von ihr trennt, ist eben der moderne Atheismus. Dabei kann der atheistischen Kritik das Verdienst zuerkannt werden, der Theologie zu größerer Klarheit über ihr eigenes Thema zu verhelfen, über die Wirklichkeit Gottes, die nicht mit der eines vorhandenen Wesens zu verwechseln ist.

Wie aber läßt sich von Gott als Wirklichkeit sprechen, ohne daß von ihm als vorhandenem Wesen geredet würde? Gibt es eine Alternative? Deckt sich nicht vielmehr der Umkreis des Wirklichen mit dem, was gegenwärtig vorhanden ist? Oder ist auch das gegenwärtig nicht mehr oder noch nicht Vorhandene „wirklich", nämlich wirksam im Gegenwärtigen? Während das Vergangene sich immerhin als ehemals vorhanden denken läßt, als ob seine Wirklichkeit darin gründet, daß es ehedem vorhanden war, scheint insbesondere die Zukunft eine Alternative zu eröffnen zu einem Verständnis des Wirklichen, das nur am Vorhandenen orientiert ist. Denn das Künftige ist

[4] Dazu T. Koch, Gott – der Grund der Freiheit, in: Pastoraltheologie 1968, 45 ff.

noch nicht vorhanden, und dennoch bestimmt es schon die gegenwärtige Erfahrung, jedenfalls die gegenwärtige Erfahrung von Wesen, die — wie der Mensch — auf Zukunft orientiert sind und ihre Gegenwart und Vergangenheit immer schon im Lichte erhoffter oder befürchteter Zukunft erleben. Die Zukunft ist also wirklich, obwohl sie noch nicht vorhanden ist. Das könnte immerhin auch für die Frage nach der Wirklichkeit Gottes bedeutsam sein im Hinblick darauf, daß Jesus die Gottesherrschaft, die doch vom Gottsein Gottes nicht zu trennen ist, als künftige angekündigt hat.

Die Wirklichkeit der Zukunft im Gegensatz zum Vorhandenen äußert sich nicht zuletzt in der Freiheit des Menschen, deren Reich die noch nicht realisierten Möglichkeiten sind, in denen es dem Menschen um seine Zukunft und um die Zukunft seiner Welt geht und durch die er sich selbst zur Zukunft des Vorhandenen macht. Die Wirklichkeit der Zukunft und die der Freiheit gehören also dem Vorhandenen gegenüber zusammen. Beide sind selbst nicht vorhanden, aber haben Macht über das Vorhandene.

Ist mit solcher Korrespondenz zwischen der Wirklichkeit der Zukunft und dem Wesen der Freiheit etwa bereits *Gott* als Ursprung der Freiheit gedacht, wenn anders Gott als die Macht der Zukunft, als der Gott, dessen Herrschaft im *Kommen* ist, gedacht wird? Oder trennt nicht ein Sprung die Verwiesenheit von Freiheit auf Zukunft von dem Gedanken, daß Gott es sei, der Freiheit eröffnet? Der Sprung zwischen beiden Gedanken scheint besonders durch den untilgbar personalen Klang des Wortes „Gott" zu entstehen. Aber nun sind Freiheit und Personalität einander eng verwandt. Läßt sich Personalität von der Seinsweise des Vorhandenen unterscheiden, so ist es vielleicht doch nicht so gänzlich aussichtslos, in der Verwiesenheit der Freiheit auf Zukunft Gott als den Ursprung der Freiheit zu finden.

Die Tragweite dieser Frage für unser Thema ist erheblich. Denn, wie gesagt, das Wort „Gott" ist unentrinnbar personal. Ein unpersönlicher Weltgrund kann nicht rechtens „Gott" heißen. Daß die traditionelle philosophische Theologie das Wort „Gott" oft so lax verwendet hat, wenn eigentlich ein unpersönlicher Weltgrund gemeint war, mag Anhänglichkeit oder äußerliche Anpassung an die überlieferte religiöse Sprache bekunden, ist aber gedanklich nicht zu rechtfertigen. Wer „Gott" sagt, der sagt „Person". Dieser personale Charakter des Redens von Gott ist — auch von Theologen — oft als lästig empfunden worden, weil er den Gottesgedanken als von Natur aus anthropomorph zu diskreditieren schien. Die neuzeitliche Kritik am Gottesgedanken ist ja zum guten Teil Aufdeckung der anthropomorphen Struktur der Vorstellung von einer göttlichen Persönlichkeit gewesen, die als bloßes Spiegelbild der menschlichen Persönlichkeit erscheinen konnte, zumal das immer auf ein anderes außer ihm angewiesene persönliche Selbstbewußtsein des Menschen im Widerspruch zur behaupteten Unendlichkeit Gottes zu stehen schien. Für die Frage nach einer Wirklichkeit, die nicht ein vorhandenes Seiendes ist, wird jedoch die Personalität Gottes in neuer Weise relevant: Person ist das Gegenteil eines vorhandenen Wesens. Menschen sind gerade dadurch Personen, daß sie in ihrer Wirklichkeit für uns nicht ganz und gar vorhanden sind, sondern durch Freiheit ausgezeichnet sind und dadurch im Ganzen ihres Daseins verborgen und unverfügbar bleiben. Ein Mensch, den wir ganz überschauen und in jeder seiner Regungen vorausberechnen könnten, würde eben dadurch aufhören, für uns Person zu sein, und wo Menschen als vorhandenes Seiendes verrechnet und behandelt werden, da wird ihre Personalität mißachtet. Letzteres ist leider möglich, weil Menschen in der Tat auch vorhandene Wesen sind. Ihr Personsein gewinnt Gestalt in ihrer gegenwärtigen, leibhaften Wirklichkeit, und dennoch wird es demjenigen nicht sichtbar, dessen Blick — anders als der Blick der Liebe und auch der des Hasses — nur auf das an den Menschen Vorhandene sieht.

Es ist von entscheidender Wichtigkeit, die Personalität des Menschen nicht wiederum als ein Vorhandenes nur anderer Art zu denken. Man kommt sonst auf solche Gedanken wie den einer metaphysischen Seelensubstanz, die vermeintlich neben oder in der des Körpers vorhanden sein soll, die aber gerade als vorhandene nicht nachweisbar ist. Subjektivität und Personalität des Menschen sind nicht ein Vorhandenes, obwohl sie im Vorhandenen Gestalt zu gewinnen suchen. Wird das bedacht, dann wird auch deutlich, daß der Mensch nicht durch sich selbst Person ist, nicht durch Setzung seines Ich, als ob dieses ein Vorhandenes wäre und nicht vielmehr ein Name für die anwesende, aber nicht vorhandene Person. Wenn man aber den Ursprung der Freiheit im Menschen selbst sucht, in dem, was der Mensch schon war vor dem Akt seiner Freiheit, hat man sein Personsein — das Subjekt der Freiheit — bereits als ein Vorhandenes gedacht statt als erst durch Freiheit sich verwirklichende Subjektivität.

Es ist der verbreitete Grundfehler atheistischer Beschreibungen des menschlichen Verhaltens, daß sie das Personsein, die Subjektivität des Menschen, als etwas Vorhandenes nehmen, als ein vorhandenes Ich, das dennoch sich selbst erst konstituiert im Akt seiner Wahl. Dabei wird in einem Atemzuge das Ich als schon bestehendes und als erst durch den Akt seiner Wahl konstitutiert behauptet. Demgegenüber ist die Frage nach der Identität des Ich in diesen beiden Momenten zu stellen. Im Akt seiner Freiheit ist der Mensch jenseits dessen, was er schon war, d. h. der Ursprung der Freiheit liegt in einem anderen als dem schon zuvor bestehenden Ich. Mit anderen Worten, menschliche Freiheit ist nur als zu verdankende. Eben weil der Mensch immer auch und zunächst ein für andere und für sich selbst vorhandenes Wesen ist, kann er Freiheit nicht aus sich selbst haben. Und die Identität seiner Freiheit mit dem schon bestehenden Ich versteht sich nicht von selbst, sondern gründet darin, daß der Mensch im Akt seiner Freiheit immer wieder sich selbst übernimmt. Dabei kann das andere, dem der Mensch sich verdankt, seinerseits nicht wieder ein Vorhandenes sein, wenn es Ursprung seiner Freiheit sein soll. Darum gewinnt sich der Mensch als Person, als freie Subjektivität, nur aus der Begegnung mit anderen Personen, und zwar grundlegend aus der liebenden Zuwendung anderer, wie sie am Beginn des individuellen Lebens jenes Urvertrauen erst begründet, dessen die Persönlichkeit des Kindes zu ihrer Bildung bedarf. Mitmenschlichkeit, Sprache, Gesellschaft sind Bedingungen persönlichen Lebens, bilden die Atmosphäre, in der allein Freiheit zu atmen vermag.

Die Sphäre der Mitmenschlichkeit, der Gesellschaft, ist freilich immer auch schon die Sphäre der unterdrückten Freiheit. Der andere, dessen Zuwendung mir Freiheit eröffnen kann, bedarf selbst der Befreiung zu sich selbst. Auch er hat Freiheit nicht aus dem, was er schon ist oder war. Er kann nur die Freiheit mitteilen, der er selbst sich öffnet und die von Augenblick zu Augenblick auf dem Spiele steht und neu gegeben und empfangen werden muß. Wo das ausbleibt, da verformt Unfreiheit die mitmenschlichen Beziehungen. Das geschieht zumal dort, wo der Titel der Freiheit beansprucht wird zur Rechtfertigung der Selbstbehauptung des vorhandenen Ich, wobei die „Freiheit" des einen auf Kosten der Freiheit der übrigen geht.

Da der Mitmensch letztlich ebenso wie ich angewiesen ist auf das Geschenk der Freiheit, daher kann das mitmenschliche Du nicht letzter Grund der Freiheit sein. Freiheit kann unter Menschen auf die Dauer nur dort gedeihen, wo sie ihren Ursprung unabhängig vom Belieben der Individuen in einer gemeinsam anerkannten Wahrheit nimmt. Dieser Forderung genügt jedoch nicht die Allgemeinheit einer Idee, denn die Bestimmtheit und dadurch immer auch Beschränktheit ihrer Formulierung fesselt die Freiheit der Individuen; sie ist immer auch selbst ein gedanklich Vorhandenes, das durch das Denken überschritten werden kann. Freiheit als gemeinsame begründen, das könnte nur eine personhafte Wirklichkeit übermenschlicher Art leisten, die im Unterschied zur menschlichen reiner Akt der Freiheit wäre.

Das heißt nicht, daß sich als Grund der Freiheit das Dasein einer göttlichen Person oder des persönlichen Gottes postulieren ließe. Ohnehin dürfte die Beweisform zum Vergänglichsten der sogenannten „Beweise für das Dasein Gottes" gehören. Was sie beweisen, ist allenfalls die Endlichkeit des Menschen und der Welt, nicht das Dasein Gottes, wenn auch der Aufweis der Endlichkeit alles Vorhandenen und der Unselbständigkeit alles Endlichen die Frage nach der Wirklikeit motivieren und ausdrücklich werden lassen kann, mit der es die Religionen zu tun haben. Das Dasein Gottes zu beweisen, konnte nicht das Ziel dieser Überlegungen sein. Wohl aber kann der Gedanke einer göttlichen Person als Ursprung der Freiheit am Ende dieses Gedankenganges vielleicht als weniger unglaubhaft und undenkbar erscheinen als zuvor. Die Geschichte der Menschheit zeigt, daß erst von der jeweiligen Erfahrung göttlicher Wirklichkeit her Freiheit gegenüber dem Vorhandenen und die entsprechende Stufe der Verwirklichung menschlicher Personalität gewonnen wurde. Die Geschichte der menschlichen Personalität erscheint als eine Funktion der Religionsgeschichte, das heißt der Veränderungen menschlicher Gotteserfahrung. Dieser Sachverhalt spricht dafür, daß göttliche Wirklichkeit und menschliche Freiheit sich nicht so antinomisch gegeneinander verhalten wie es die Argumentation des modernen Atheismus darstellt. Der positive Zusammenhang zwischen beiden, den die religionsgeschichtliche Bedingtheit der Entwicklung menschlicher Personalität und Freiheit belegt, wird verständlich, wenn man bedenkt, daß göttliche Wirklichkeit gerade als personhafte kein Vorhandensein einschließt. Sogar das Dasein der Götter — das nicht ohne weiteres als ein Vorhandensein zu deuten ist — tritt für die religiöse Erfahrung zurück hinter dem Erlebnis ihres Wirkens. Im Unterschied zum Menschen, der in einer Hinsicht auch ein vorhandenes Wesen ist, haben die Götter ihr Dasein nur in ihrem Wirken, im Erweis ihrer Macht. Und dabei ist das Dasein der Götter in der Geschichte der religiösen Erfahrung der Menschheit immer strittig gewesen, so daß Menschen ihre Götter gewechselt und ihre Vorstellungen von ihnen gewandelt haben.

In der Religionsgeschichte ist die göttliche Wirklichkeit nur als strittige am Werke, und gerade so läßt sich die Religionsgeschichte als der Weg Gottes zu seiner Offenbarung verstehen. Erst mit der Offenbarung der wahren Natur des Göttlichen wird auch die Frage des Daseins Gottes endgültig entschieden sein — und diesem Ereignis geht die Menschheit auch nach Christus noch entgegen, wenn anders die Gottesherrschaft und also der volle Erweis der Gottheit des von Jesus verkündeten Gottes noch im Kommen ist. Als der kommende Gott aber wirkt der Gott Jesu jetzt schon als der Gott der versöhnenden Liebe, der die Toten auferweckt und so auch Ursprung der das Vorhandene überwindenden und doch rettenden Freiheit wird.

Christliche Theologie und philosophische Kritik*

Das Verhältnis zur Philosophie ist im Laufe der vierhundertjährigen Geschichte des Protestantismus immer wieder problematisch und umstritten gewesen. Es gibt daher keine für den Protestantismus im ganzen charakteristische Stellung zur Philosophie und ihrem geistigen Erbe, sondern eine große Vielfalt von z. T. einander scharf entgegengesetzten Positionen. Dabei geht es nie nur um das Verhältnis des christlichen Glaubens zu den im engeren Sinne philosophischen Entwürfen einer Letztbegründung der Erfahrung und des Denkens, sondern vor allem um das Verhältnis der Theologie zum kritischen Denken überhaupt, wie es sich seit den Anfängen griechischer Philosophie ausgebildet und in der Neuzeit zu einem zuvor unbekannten Selbstbewußtsein erhoben hat. Geschichtlich handelt es sich auf der einen Seite um das Verhältnis des christlichen Geistes zum Erbe des griechischen Denkens. Die Frage danach drängt sich der Theologie aus ihrer eigenen Überlieferung immer wieder auf, weil die Theologie in ihrer klassischen Zeit, in der Spätantike, dieses Erbe nachdrücklich und nicht ohne Erfolg für sich beansprucht hat, und weil diese Rezeption für das Selbstverständnis eines über den jüdischen Traditionsbereich hinausgewachsenen Christentums konstitutiv werden mußte. Auf der anderen Seite, bedrängender noch, geht es um das christliche Selbstverständnis angesichts der Fragestellungen, die mit der Aufklärung in Bewegung gekommen sind und seitdem das moderne Bewußtsein geprägt haben: Darf christliche Theologie sich zur Wendung des modernen Geistes gegen die autoritären Ansprüche geheiligter Überlieferung bekennen? Oder muß sie sich identifizieren mit den durch die aufgeklärte Kritik angegriffenen Positionen, so daß diese als re-

* Zuerst in: Revue de Théologie et de Philosophie 18, 1968, 249–271.

präsentativ für das Christentum überhaupt zu gelten hätten?

Der Gegensatz zur Tendenz der Aufklärung auf intellektuelle Emanzipation hat sich im protestantischen Bereich gewöhnlich in dualistischen Bestimmungen des Verhältnisses der Theologie zur Philosophie niedergeschlagen. Die katholische Theologie befand sich hier insofern in einer anderen Situation, als sie nach der Aristotelesrezeption des christlichen Mittelalters eine der repräsentativen Gestalten griechischer Philosophie in den Autoritätsanspruch der christlichen Überlieferung einbezogen hatte. Die Emanzipationsbestrebungen des neuzeitlichen Denkens gerieten hier zuerst mit der Autorität des Aristoteles in Konflikt, bevor sie auf die christlichen Glaubenslehren im engeren Sinne stießen. In der altprotestantischen Theologie konnten solche Konflikte im philosophischen Vorfeld keinen nennenswerten Umfang annehmen, da theologische Traditionen und in sie eingegangene philosophische Konzeptionen hier, jedenfalls offiziell, keine selbständige Autorität neben der Schrift gewinnen konnten. Nicht die vorübergehende Verbindung der orthodoxen Dogmatik mit der aristotelischen Metaphysik stand hier im Mittelpunkt der frühneuzeitlichen Kritik, sondern die Offenbarungsautorität selbst, allem voran der altprotestantische Begriff der widerspruchsfreien Lehreinheit des inspirierten Schriftkanons. Soweit sich die protestantische Theologie mit der durch die Aufklärung angegriffenen Position überlieferter Autorität identifizierte, stellte sich ihr Verhältnis zur Philosophie und einer philosophisch begründeten Religionslehre daher leicht dualistisch dar, wie es gegen Ende des 18. Jahrhunderts im Gegensatz von Supranaturalismus und Rationalismus zugespitzten Ausdruck fand. Der supranaturalistischen Position gegenüber konnten sich im Protestantismus allerdings — wiederum anders als in der römisck-katholischen Theologie — auch theologische Konzeptionen entwickeln, die sich entschieden auf den Boden der aufgeklärten Autoritätskritik stellten. Solche Konzeptionen neigten durchweg zur Anlehnung an bestimmte philosophische Systeme. Das gilt noch von den Entwürfen liberaler Theologie im neunzehnten und zwanzigsten Jahrhundert, die sich im Unterschied zum älteren Rationalismus auf die Besonderheit religiöser Erfahrung als Unterscheidungsmerkmal gegenüber dem philosophischen Denken beriefen; denn die Inhalte solcher religiösen Erfahrung mußten doch in einer der Philosophie, d. h. bestimmten philosophischen Systemen, entlehnten Begrifflichkeit beschrieben werden, wenn sie nicht im Widerspruch zur liberalen Grundentscheidung als philosophischer Kritik entzogene Offenbarungswahrheit behauptet werden sollten.

Vor und neben diesen beiden, durch die Stellung zur Aufklärungsproblematik bedingten und voneinander geschiedenen Typen der Verhältnisbestimmung von Theologie und Philosophie gibt es im Protestantismus eine dritte Auffassung, die am ehesten für spezifisch protestantisch gelten könnte und weitreichende Wirkungen gehabt hat. Sie setzt die Theologie dem philosophischen Denken nicht schlechthin entgegen, bagatellisiert auch nicht die unvermeidliche philosophische Prägung der vom Theologen benutzten Begrifflichkeit als irrelevant für den Inhalt der theologischen Aussagen. Doch sie beschränkt die theologische Relevanz philosophischer Fragestellungen auf die Thematik einer praktischen Philosophie, auf die sittliche Bestimmung des Menschen, sowie auf die affektiven Widerstände gegen diese sittliche Bestimmung. So haben schon Melanchthons *Loci communes* jene Faktoren der christlichen Überlieferung als Topoi christlicher Lehre in den Mittelpunkt der Theologie gerückt, die die Affekte der Menschen zu beeinflussen und ihren Widerstand gegen die Gottesliebe zu überwinden geeignet sind[1]. Daß später die praktische Philosophie Kants in der protestantischen Theologie Epoche machen konnte, als Ausgangspunkt nicht nur des Rationalismus, sondern auch des Supranaturalismus — das hatte durchaus alte und tiefe Wurzeln in der spezifisch protestantischen Thematik der Theologie, in der Thematik von Schuld und Vergebung, Gesetz und Evangelium. Die Konzentration der Religion auf die ethische Pro-

[1] E. Mühlenberg: Humanistisches Bildungsprogramm und reformatorische Lehre beim jungen Melanchthon, in: ZThK 65, 1968, 431–444.

blematik kann als eine Eigentümlichkeit der protestantischen theologischen Tradition überhaupt gelten. Sie läßt sich bei den Reformatoren, im altprotestantischen Verständnis der Theologie als praktischer Wissenschaft, in der Aufklärung ebenso wie im Pietismus verfolgen und kennzeichnet den Rationalismus, besonders im Gefolge Kants, ebenso wie den Supranaturalismus. Nur hat letzterer, statt die Theologie auf Ethik zu *reduzieren*, eine *Ergänzung* der philosophischen Ethik durch die Offenbarung der heiligen und vergebenden Liebe Gottes in Jesus gefordert, weil die philosophische Ethik zu einer Lösung des ethischen Zwiespalts im Menschen, also der Schuldproblematik, nicht in der Lage sei. Diese supranaturalistische Denkform hat sich in der Theologie des neunzehnten Jahrhunderts auf mindestens drei Entwicklungslinien durchgesetzt: Sie läßt sich von G. Storr über Tittmann, Tholuck und Julius Müller einerseits zum Erlanger Neuluthertum, andererseits zur Bibeltheologie E. Cremers und M. Kählers, sowie schließlich zu A. Ritschl und W. Herrmann verfolgen und hat durch letzteren bis in die Gegenwart gewirkt, nämlich durch Bultmann und seine Schüler, von denen besonders E. Fuchs und G. Ebeling eine neue Wendung zu W. Herrmann vollzogen haben. So repräsentiert heute vor allem die existenziale Interpretation der Bultmann-Schule das Erbe des ethisch begründeten Supranaturalismus. Im Unterschied zur „Neoorthodoxie" Barthischer Prägung, die sich jeder philosophischen Rechtfertigung oder auch nur Anknüpfung theologischer Aussagen an Philosophisches widersetzt, anerkennt die existenziale Interpretation in der Ethik bzw. in einer ethisch orientierten oder mit ethischer Akzentuierung rezipierten Daseinsanalyse einen ihr mit der Philosophie gemeinsamen Boden. Dabei wird jedoch die Verflochtenheit der ethischen Thematik mit anderen, theoretischen Themenkreisen der philosophischen Tradition von vornherein ausgeblendet. Dafür ist gerade auch die einseitig ethisch akzentuierte Inanspruchnahme der Heideggerschen Daseinsanalyse und späterhin sprachphilosophischer Fragestellungen durch die existenziale Interpretation sehr instruktiv.

Das Bemühen um eine Urteilsbildung über die verschiedenen typischen Ausprägungen theologischen Selbstverständnisses gegenüber der Philosphie im Protestantismus muß einsetzen bei dem reinen Offenbarungsstandpunkt; denn wenn dieser als gerechtfertigt erscheint, dann müssen für den Theologen alle weiteren Erörterungen über das Verhältnis zur Philosophie sich erübrigen.

Daß Theologie es mit Offenbarung zu tun hat, bedeutet jedenfalls, daß sie sich nicht reduzieren läßt auf Einsichten, die außerhalb des Umkreises geschichtlich konkreter Erscheinungen göttlicher Wirklichkeit, „Offenbarungen" im weiteren Sinne des religionswissenschaftlichen Sprachgebrauchs, zu gewinnen sind. Das ist eine Wahrheit, an die Theologen bei ihrem Bemühen um Verständlichkeit der christlichen Überlieferung sicherlich immer wieder einmal erinnert werden müssen. Wenn bei dieser Feststellung, die der sogenannten Neoorthodoxie ihr geschichtliches Recht einräumt, der Begriff Offenbarung im Plural und gar in Verbindung mit Religionen gebraucht wird, so ist damit allerdings auch schon ein erster kritischer Gesichtspunkt geltend gemacht: Die durch die biblischen Schriften bezeugte Offenbarung Gottes (wie immer man ihren Inhalt und ihre Einheit erheben mag) kann nur durch einen Akt irrationaler Willkür isoliert werden aus der Nachbarschaft anderer Religionen und ihrer Offenbarungsansprüche. Erst aus dem Vergleich mit ihnen, nicht durch ein am Anfang stehendes Postulat, kann sich die Besonderheit des israelitischen und des urchristlichen Offenbarungsglaubens ergeben, sei es für das Ganze der israelisch-christlichen Überlieferungsgeschichte, bzw. für ihren literarischen Niederschlag im Alten und Neuen Testament, oder sei es — angesichts der unüberwindlichen Vielfalt der in den biblischen Schriften begegnenden Konzeptionen — für einige charakteristische und als theologisch zentral beurteilte Komplexe, also einen Kanon im Kanon, wie z. B. für die Botschaft Jesu und die Theologie des Paulus. Erst daraufhin läßt sich die Frage nach der Wahrheit dieses Offenbarungsglaubens behandeln, die Frage also, ob es sich dabei nur um menschliche

Religion oder aber, ihrem Anspruch gemäß, in der Form menschlicher Religion um Selbstbekundung göttlicher Wirklichkeit handelt. Eine derartige vergleichende Untersuchung und erst recht die damit verbundene Urteilsbildung über die Wahrheit eines Offenbarungsglaubens, der zunächst als einer unter anderen in der Welt der Religionen begegnet, ist ohne eine philosophische Theorie der Religionen gar nicht möglich. Offenbarungstheologie bedarf also einer religionsphilosophischen Grundlegung. Diese Forderung bedeutet nicht, daß der Theologie irgendeine Philosophie auf Autorität hin als Grundlage seiner eigenen Arbeit zu übernehmen hätte. Er soll vielmehr die Angemessenheit der ihm erreichbaren religionsphilosophischen Kategorien und Urteile an ihren Gegenstand von Fall zu Fall überprüfen und unter Umständen selbst Alternativen entwickeln. Aber das kann nur auf dem Boden religionsphilosophischer Diskussion sinnvoll geschehen und nicht von einem schon vorausgesetzten Offenbarungsprinzip her.

Offenbarungstheologie setzt also durch sich selbst immer schon ein Verständnis von Offenbarung und Religion voraus, also eine Philosophie der Religion. An dieser Stelle ist es für ein selbstkritisches theologisches Denken unerläßlich, sich explizit auf philosophische Probleme einzulassen. Und noch nach einer zweiten Seite hin wird jede Selbstisolierung einer Offenbarungstheologie gegenüber dem philosophischen Denken unhaltbar: Theologie spricht unter Berufung auf Offenbarung Behauptungen über den Menschen und seine Situation, aber auch über Welt und Geschichte aus — lauter Themenkreise, die auch Gegenstand wissenschaftlicher und philosophischer Aussagen sind. Die Überzeugung von der Wahrheit solcher theologischen Behauptungen ist, wenn anders die Wahrheit in bezug auf ein und dasselbe nur eine sein kann, nur unter der Voraussetzung möglich, daß die theologischen Behauptungen mit dem, was an außertheologischen Behauptungen über Mensch, Welt, Geschichte wahr ist, übereinstimmen, und diese Voraussetzung muß selbst Gegenstand theologischer Reflexion werden, weil sonst die Wahrheit aller theologischen Aussagen dahinsteht. Das erfordert aber eine Teilnahme der Theologie am ganzen Umfang der philosophischen Diskussion samt ihrem Bezug auf die einzelwissenschaftliche Forschung.

Noch in einer dritten Hinsicht kann auch eine der Absicht nach reine Offenbarungstheologie sich philosophischer Befragung und Rechenschaft redlicherweise nicht entziehen: Sie muß Auskunft über den Sinn ihrer Sätze und ihres Sprachgebrauchs geben können. So ist oben schon gesagt, daß theologische Sätze — jedenfalls teilsweise — Behauptungscharakter haben, also keine lediglich performative Funktion. Daraus folgt aber, daß sie auch den Kriterien unterliegen, die für Behauptungssätze gelten; insbesonders müssen Kriterien ihrer Wahrheit oder Unwahrheit angebbar sein.

Die Gründe, die gegen eine dualistische Bestimmung des Verhältnisses der Theologie zur Philosophie im Sinne einer reinen, d. h. einer autoritären, Offenbarungstheologie sprechen, lassen es auch bereits als fraglich erscheinen, ob die Beschränkung positiver Berührungen der Theologie mit dem philosophischen Denken auf das Feld der ethischen Problematik vertretbar ist. Denn die angeführten Gesichtspunkte reichen sämtlich hinaus über die ethische Thematik. Sie fordern ein Verständnis von Wirklichkeit überhaupt. Denn auch wenn das menschliche Handeln hinausgreift über das, was schon ist, so bezieht es sich doch auf das Vorhandene und ist im Hinblick auf die Bedingungen seiner eigenen Wirklichkeit und seiner Macht über die vorgefundene Welt zu befragen. Obwohl also jedem Ansatz zu ethischer Besinnung bereits ein theoretisches Verständnis von Wirklichkeit überhaupt vorausliegt, muß nach dem Wahrheitsmoment der Einschränkung theologischer Inanspruchnahme der Philosophie auf die Ethik gefragt werden. Das ist schon wegen der dominierenden Bedeutung dieser Denkweise in der theologischen Tradition unerläßlich.

Die Stärke dieser Auffassung liegt in ihrer Konzentration auf den Menschen und seine Existenzproblematik. Damit sind in der Reformation unzweifelhaft urchristliche Motive erneuert worden, und darüber hinaus lassen sich eigentümliche Parallelen zwischen protestantischer Theologie und neuzeitlicher Philosophie in der Wendung zur Subjektivität als dem Ort der Wahrheit beobachten. Doch im Unterschied zur neuzeitlichen Subjektivitätsphilosophie hat die Theologie sich mit der Konzentration auf Sünde, Rechtfertigung und Heiligung des Menschen zunehmend aus den Kämpfen um das Weltverständnis zurückgezogen, entsprechend der fortschreitenden Auflösung des alten Wunderbegriffs und einer teleologischen Naturbetrachtung. Die ethische Thematik wurde nicht als ein Ausgangspunkt für ein neues Verständnis von Wirklichkeit überhaupt, mit Einschluß auch der Naturvorgänge, begriffen, sondern wurde zu einer Festung, in die sich die Theologie zurückzog, als die Welt der Natur ihrer Zuständigkeit entzogen wurde. Dadurch entwickelte sich jedoch eine Trennung zwischen Welt- und Selbstverständnis, die auf die Dauer unhaltbar werden mußte. Ein klassisches Beispiel für solche Trennung hat zuletzt noch Bultmann durch seine These gegeben, daß das Weltverständnis des Urchristentums für uns veraltet sei, das urchristliche Selbstverständnis jedoch ohne weiteres eine Möglichkeit auch gegenwärtigen Selbstverständnisses der Menschen darstelle, sobald es durch eine Entmythologisierung von seiner Verbindung mit jenem veralteten, mythologischen Weltbild befreit sei. Diese These und jede ähnliche isolierte Konzentration auf das Selbstverständnis des Menschen läßt sich darum nicht halten, weil Selbst- und Weltverständnis immer zusammengehören. Es ist unhistorisch, das eine für veraltet und das andere für identisch übernehmbar zu erklären. Das Ringen um ein angemessenes Selbstverständnis des Menschen erfolgt auf weite Strecken hin als Auseinandersetzung um sein Verhältnis zur Welt, und mit diesem wandelt sich auch das Verhältnis des Menschen zu sich selbst. Die Veränderung der Welt durch den Menschen vermittelt die Veränderung des Menschen selbst.

Die traditionelle Konzentration der protestantischen Theologie auf die ethischen Fragen von Schuld und Vergebung hat nicht nur die Probleme des Weltverständnisses, sondern vielfach auch den gesellschaftlichen Charakter der menschlichen

Daseinswirklichkeit in den Hintergrund gedrängt. Das ist insofern charakteristisch, als die Gesellschaft ebenso wie die Naturwelt den engsten Umkreis der privaten Existenz des einzelnen überschreitet. Es sind gewöhnlich die Themen einer privaten Persönlichkeitsethik gewesen, nicht die objektiven Institutionen und „Güter" menschlichen Handelns, die den Bezugspunkt theologischer Aussagen bildeten. Der Schwerpunkt des theologischen Interesses lag auf der individuellen Daseinsproblematik, in weitgehender Ablösung vom Verhältnis des Menschen zur Naturwelt und, besonders in der lutherischen Überlieferung, auch von der Gesellschaft. Das dabei entwickelte und in der Überlieferung verfestigte Bild von der individuellen Daseinproblematik mußte selbst zu Abstraktionen erstarren, weil das Dasein des einzelnen nicht ohne sein Weltverhältnis und seine gesellschaftlichen Bezüge geschichtliche Konkretheit hat. Das in der protestantischen Überlieferung noch weithin wirksame abstrakte Bild von der Daseinsproblematik des einzelnen konnte sich aber nur verselbständigen auf dem Boden einer scheinbaren Selbständigkeit der ethischen Thematik gegenüber Naturphilosophie und Metaphysik. Denn daß der Mensch seine Stellung im Kosmos nicht als isoliertes Individuum realisieren kann, liegt auf der Hand. Die Naturgeschichte der Menschheit spricht überwältigend für die Priorität der Gemeinschaft gegenüber dem Individuum. Nur im Horizont der ethischen Frage kann sich ein anderes Bild ergeben, weil mit dem Aufkommen ethischer Besinnung die Individuen tatsächlich auf sich vereinzelt wurden. Doch vom vereinzelten Individuum her kann weder der Gesellschaftsprozeß begriffen werden, wie es die abstrakten Vertragstheorien des Ursprungs der Gesellschaft versucht haben, noch auch das Verhältnis der Menschen zur Naturwelt. Vielmehr ist umgekehrt die Emanzipation des Individuums immer schon gesellschaftlich und durch das Weltverhältnis vermittelt und bleibt rückgebunden an in diesen beiden Bereichen verwurzelte Voraussetzungen. Die Ablösung der ethischen Frage des Menschen nach seiner eigenen Bestimmung von den Themen eines allgemeinen Wirklichkeitsverständnisses hat also ihrerseits gesellschaftliche und geschichtliche Voraussetzungen. Das gilt noch einmal in besonderer Weise für den ethischen Individualismus der protestantischen Frömmigkeit. Es würde zu weit führen, hier die gesellschaftlichen und geschichtlichen Bedingungen des protestantischen Individualismus zu beschreiben. Es muß genügen, die Frage nach den Gründen zu stellen, deretwegen die im Protestantismus dominierende Frömmigkeit sich der gesellschaftlichen und durch das Wirklichkeitsverständnis im ganzen gegebenen Bedingungen ihres ethischen Individualismus so wenig bewußt wurde. Diese Gründe sind in der geistesgeschichtlichen Herkunft der protestantischen Frömmigkeit zu suchen. Sie scheinen nicht zuletzt damit zusammenzuhängen, daß die mittelalterliche Ethik eine Gebotsethik war. Durch die Autorität des gebietenden Gottes wurden die ethischen Normen aus der Relativität auf Wirklichkeitsverständnis und Gesellschaft herausgelöst. Durch den Glauben an ihre inhaltliche Koinzidenz mit einem wie immer begründeten Naturrecht aber wurden sie wiederum der Willkür des gebietenden Gottes entnommen. Dieses Syndrom und mit ihm der Schein einer Selbständigkeit der ethischen Thematik konnte bestehen, solange der Inhalt ethischer Verpflichtung als ausgemacht gelten konnte, sei es auf dem Boden der traditionellen christlichen Gebotsethik, sei es auf dem ihrer rationalen Surrogate bis hin zum kantischen kategorischen Imperativ und dem Gedanken durch sich selbst verpflichtender Werte, die als solche nur „gefühlt" zu werden brauchten. Doch schon das zunehmende Bedürfnis nach immer neuer rationaler Rechtfertigung der traditionellen Normen zeigt die fortschreitende Auflösung ihrer selbstverständlichen Geltung. Von einer solchen kann schon seit der zweiten Hälfte des vorigen Jahrhunderts kaum noch die Rede sein. Die Moralkritik Nietzsches und die Erfahrung unseres Jahrhunderts haben das immer weiteren Kreisen zum Bewußtsein gebracht. Demgegenüber erscheint die Wertphilosophie als ein letzter Versuch, die Selbstverständlichkeit ethischer Werte — wenn auch um den Preis der Anerkennung ihrer Konflikte untereinander — zu retten. Mit dem Verlust der Selbstverständlichkeit der traditionellen ethischen Normen aber schwindet auch der Schein einer Selbständigkeit der ethischen Thematik selbst gegenüber den Fragen eines allgemeinen Wirklichkeitsverständnisses und den gesellschaftlichen Prozessen. Die ethische Bestimmung des Menschen bedarf heute ganz neuer Klärung von Grund auf, und eine solche kann nur erfolgen in Verbindung mit einer Untersuchung der Eigenart des Menschseins überhaupt, die sich nicht ohne Erörterung der Stellung des Menschen im Kosmos klären läßt.

Der Rückzug nicht nur der Theologie, sondern auch der durch Erweckungsbewegungen erneuerten und geprägten protestantischen Frömmigkeit auf die ethische Daseinsproblematik des Individuums, die Preisgabe der Fragen des Weltverständnisses, enthüllt sich immer deutlicher als eine Sackgasse des theologischen Denkens. Ohne Bezug zur Wirklichkeit der Welt läßt sich der Gottesgedanke nicht mehr festhalten, wie der gegenwärtige Streit um den „Tod Gottes" zeigt. Und schließlich werden in der Isolierung der ethischen Thematik die Inhalte ethischer Verpflichtung selbst zweifelhaft als bloß äußerlich aufgedrängte Normen. Damit fällt die Grundlage für die im Protestantismus herkömmliche Anknüpfung des Vergebungszuspruchs an ein vorausgesetzes Schuldbewußtsein, des Evangeliums an das Gesetz, dahin. In einer Welt, in der nach der scharfsichtigen Diagnose Paul Tillichs die Menschen weniger unter Schuldgefühlen als unter dem Gefühl der Sinnlosigkeit des Daseins leiden, hat die Botschaft von der Vergebung ihre klare Adresse verloren; denn einerseits schwindet das Bedürfnis nach Vergebung, weil die Normen, die übertreten werden, nicht mehr als unbedingt geltende empfunden werden, und andererseits (aber dem ersten entsprechend) scheint die herkömmliche christliche Auffassung von der Göttlichkeit der Vergebung die simple Tatsache, daß die Menschen sich eben irgendwie miteinander arrangieren müssen, maßlos aufzubauschen. Angesichts der Relativierung früher einmal absolut geltender Normen in der modernen Industriegesellschaft trägt auch die Botschaft der Vergebung die Göttlichkeit — sei es im

Sinne der Anmaßung oder als Offenbarung — nicht mehr unmittelbar an der Stirn. Die Konzentration der Frömmigkeit und der Theologie auf eine Gebotsethik, bzw. auf die nur aus dem Absoluten zu rechtfertigende Vergebung der Übertretung solcher absoluten Gebote, bringt immer mehr angestrengten Leerlauf hervor. Das festzustellen kann nicht bedeuten, daß die ethische Daseinsproblematik für die Theologie irrelevant geworden wäre. Aber die Zuspitzung der ethischen Thematik auf die individuelle Problematik von Schuld und Vergebung, sowie die Isolierung der Ethik von den Fragen des theoretischen Wirklichkeitsverständnisses und damit auch von der Wirklichkeit der Gesellschaft müssen überwunden, die Frage nach der Bestimmung des Menschen muß in die umfassendere Frage nach dem Sinn des Daseins überhaupt zurückgenommen werden.

In dieser Situation muß die Theologie sich in vollem Umfang auf die philosophische Thematik einlassen. Das ist in der neueren Theologiegeschichte nur selten geschehen, sei es — wie in der katholischen Theologie — wegen der Beschränkung auf eine bestimmte, den theologischen Bedürfnissen bereits adaptierte Systemgestalt der Philosophie, sei es — wie im Protestantismus — wegen der Vorherrschaft einer Verbindung von Offenbarungsglauben und ethisch-existenziellen Motiven. Eine Ausnahmestellung kommt in der deutschen protestantischen Theologiegeschichte der Neuzeit fast nur den vom deutschen Idealismus ausgegangenen Impulsen zu, deren Wirkung in ihren Anfängen durch die erste Fassung von Schleiermachers „Reden über die Religion" und in ihren Ausläufern in unserem Jahrhundert durch Troeltsch und Tillich repräsentiert ist. Um sich das Ausmaß der gegenwärtig anstehenden Aufgabe deutlich zu machen, muß man aber wohl noch weiter zurückgreifen, nämlich auf die erste klassische Epoche christlicher Theologie überhaupt, auf die Patristik. Damals trat die Theologie in Konkurrenz zu den philosophischen Schulen der Antike mit dem Anspruch, die wahre Philosophie zu begründen. Damit ist ein Maßstab für alles theologische Denken gesetzt, dem kein einzelnes theologisches System endgültig genügen kann, und an dem gemessen vieles, was in der Geschichte als Theologie hervorgetreten ist, als völlig unzureichend erscheinen muß. Und doch reicht dieser Maßstab allein zu, eine Vorstellung von der Größe der Aufgabe zu vermitteln, der sich christliche Theologie heute gegenübersieht, wenn sie in der geistigen Auseinandersetzung der Moderne bestehen will.

Die Idee der Theologie als „wahrer Philosophie" dürfte kaum geeignet sein, ein friedliches Nebeneinander von Theologie und Philosophie zu ermöglichen. Sie macht außertheologischer Philosophie die Wahrheit ihrer Konzeptionen streitig, so wie sich umgekehrt Philosophie in ihrer Geschichte auf weite Strecken hin durch kritische Auflösung theologischer Lehre und Überlieferung behauptet hat. Die Philosophen haben dabei entweder der gesellschaftlich geltenden, positiven, eine „natürliche" Theologie entgegengesetzt, d. h. eine solche, die der Natur des Göttlichen gemäß sein und nicht nur auf menschlicher Konvention beruhen sollte. Oder sie haben Religion und Theologie überhaupt destruiert oder als abgetan behandelt. Umgekehrt hat die christliche Theologie, als sie der Universalität ihrer Wahrheit noch gewiß war, sich selbst als die von der Philosophie beanspruchte „natürliche" Theologie dargestellt und den nichtchristlichen Philosophien mit der Letztbegründung der Wirklichkeit auch ihren Anspruch streitig gemacht, die Natur des Menschen und der Welt definitiv zu bestimmen. Als die Theologie später einem von der christlichen Offenbarung noch nicht berührten philosophischen System eine Enklave in ihrem eigenen Bereich einräumte unter dem Titel einer nicht mehr mit der Offenbarungstheologie identischen, sondern von ihr unterschiedenen und vermeintlich ihr Vorfeld bildenden theologia naturalis, da schickte sie sich bereits an, auf ihre eigene Universalität zu verzichten. Das Arrangement mit einer auf außerchristlichen Voraussetzungen beruhenden Philosophie wie der aristotelischen kündigte den Verfall der Theologie an; denn diese ist entweder universal und entspricht so im Denken dem einen Gott, dessen Offenbarung sie bedenkt, oder sie verliert ihre intellektuelle Integrität. Jede partikulare Bestimmung der theologischen Thematik, jede Beschränkung ihrer Zuständigkeit auf ein Teilgebiet der Erfahrung oder der Wirklichkeit, selbst wenn es sich dabei um das als Offenbarung Gottes behauptete Geschehen und um seine Vermittlung durch die Heiligen Schriften handelt, dementiert das theologische Reden von Gott als dem einen Ursprung alles Wirklichen. Ein Arrangement mit einer auf außerchristlichen Voraussetzungen beruhenden Philosophie wie der aristotelischen, das dieser eine relative Selbständigkeit auf dem Gebiet natürlicher Erkenntnis zugesteht und die Theologie auf das Gebiet übernatürlicher Offenbarungswahrheit begrenzt, ist daher theologisch im höchsten Grade bedenklich. Andererseits mußte die Idee einer Philosophie, die als theologia naturalis eine bloße Propädeutik für die höhere Wahrheit der Theologie zu leisten hätte, ein ohnmächtiger Traum der Theologen bleiben. Philosophie hat es von ihrer Tradition her nicht weniger mit der einen und ganzen Wahrheit zu tun als christliche Theologie. Der Versuch, philosophisches Denken als bloße Vorbereitung für die der Vernunft unerreichbaren Wahrheiten der Offenbarung in den Dienst zu nehmen, mußte daher scheitern. Er mußte die Selbstbefreiung des philosophischen Denkens von der Theologie herausfordern. Der Streit zwischen Theologie und Philosphie läßt sich nicht dadurch schlichten, daß man ihnen verschiedene je eigentümliche und voneinander gesonderte Zuständigkeiten zuweist. Die herkömmliche Aufteilung zwischen natürlicher und übernatürlicher Erkenntnis und Thematik scheitert daran, daß die Frage nach der Natur der Dinge sich von ihrem Ursprung her als definitiv und exklusiv, als keiner anders gearteten Ergänzung oder gar Überhöhung fähig versteht und verstehen muß. Philosophie und Theologie können einander aber auch nicht als verschiedene Perspektiven der einen Wahrheit gegenseitig gelten lassen, weil die Frage nach der Zuordnung solcher unterschiedener Perspektiven in der einen Wahrheit unausweichlich ist. Und erst ihr gilt das eigentlich philosophische Interesse. Daher kann es keine „christliche Philosophie" als neben andern gleichberechtigte Sonderform von Philosophie geben: Sie wird entweder von der auf die Einheit der Wahrheit reflektierenden Philosophie als eine untergeordnete Form der Wahrheitserkenntnis klassifiziert und eingeordnet werden, oder sie muß sich selbst als die „wahre" Philosophie zu behaupten suchen. Der Streit zwischen Theologie und von ihr sich unterscheidender Philosophie ist unvermeidlich, solange nicht Philosophie selbst theologisch wird oder Theologie als wahre Philosophie zu überzeugen vermag. Der Streit zwischen ihnen ist von der Sache her unvermeidlich, weil beide ihren Ernst nur in der Inanspruchnahme der ganzen ungeteilten Wahrheit haben. Doch daß die Wahrheit, um die ihr Streit geht, eine und dieselbe ist, das sollte mitten im Streiten eine Gemeinsamkeit begründen und die Argumente der andern Seite als förderlich auch für die eigene Sache erkennen lassen.

Der Versuch zur näheren Charakteristik des gemeinsamen Themas, das zwischen Theologie und Philosophie strittig ist, stößt bereits auf erhebliche Schwierigkeiten. In der metaphysischen Tradition ist die Einheit der Wahrheit der Einheit des Seienden im einzelnen und im ganzen zugeordnet. Damit kündigt sich schon an, daß bereits eine vorläufige Beschreibung des zwischen Philosophie und Theologie strittigen Terrains sich unausweichlich verstricken muß in die dornigen Grundfragen der Metaphysik und in die nicht weniger dornige Problematik der heute beliebten Verabschiedung der metaphysischen Themen. Ob man sich ihrer so leichthin entledigen kann, oder ob wenn nicht die überlieferten Antworten, so doch die ihnen zugrundeliegenden Fragen und Themen der Metaphysik zumindest in einem Grundbestande mit der Eigenart denkender Erfahrung selbst gegeben sind und gewissenhafter Reflexion als unabweisbar sich aufdrängen, ist hier nicht zu entscheiden. Immerhin berührt es eigenartig, daß die These vom Ende der Metaphysik in neuerer Zeit in sehr verschiedener Weise als Folie der Selbstauslegung ganz verschiedenartiger Positionen (Comte, Dilthey, Heidegger) proklamiert worden ist. Die Unklarheit des Verhältnisses gegenwärtiger Philosophie zu den

Themen der metaphysischen Überlieferung erschwert zusätzlich die Beschreibung des Verhältnisses der Philosophie zur Theologie. Im Verhältnis zum metyphysischen Thema der Einheit des Seienden und der Wahrheit war eine solche Beschreibung eher erreichbar. Zwar hat es die Theologie nicht in derselben Weise mit der Einheit des Seienden im ganzen zu tun wie die Metaphysik. Sache der Theologie ist vielmehr das Bemühen, die Wirklichkeit Gottes zu denken. Dabei blieb aber trotz alles sonstigen Streites um den Gottesgedanken bis heute unerschüttert, daß Gott jedenfalls so lange noch nicht als Gott gedacht ist, wie er nicht als die einende Einheit alles Seienden gedacht ist. Damit ist die Verstrickung der Theologie in die Probleme der Metaphysik unausweichlich. Ebenso wird deutlich, inwiefern Theologie und Philosophie einander ihr Thema streitig machen: Indem die Philosophie das Sein des Seienden bedenkt — die Gemeinsamkeit alles Wirklichen in seinen Besonderungen — verfolgt sie schon die Frage nach der einenden Einheit alles Seienden mit, tritt damit in Konkurrenz zu theologischem Reden von Gott. Und umgekehrt, wo irgendeine Theologie sich ernsthaft darauf einläßt, Gott zu denken, und das heißt ihn als die einende Einheit alles Seienden zu denken, da ist sie schon in die Frage nach dem Verhältnis von Einheit und Besonderung in der Konstitution jedes konkret Wirklichen verwickelt. Daß Theologie und Philosophie bei solcher Bearbeitung der gleichen Thematik von entgegengesetzten Ausgangspunkten her zu gleichen Resultaten gelangen, wird man allerdings im Hinblick auf die durch Kritik religiöser Positionen bestimmte Geschichte der abendländischen Philosophie kaum erwarten dürfen. So folgenreich es auch für das Denken und nicht zuletzt für das gegenwärtige ist, ob solche Übereinstimmung ihm als wünschenswert gilt oder nicht, ihre Realität hält zum Alltag des Denkens die Distanz der eschatologischen oder paradiesischen Idylle und wird sich höchstens als flüchtiger Glücksfall hier und da einmal einstellen.

Nachdem das in der Strittigkeit gemeinsame Thema theologischen und philosophischen Denkens als Einheit der Wahrheit und des Seienden vorläufig beschrieben ist, muß das Recht der Kritik an seiner in der Metaphysik klassisch gewordenen Fassung bedacht werden. Es ist heute nicht mehr zu rechtfertigen, die Einheit des Seienden insgesamt als ein vorhandenes — und in diesem Sinne selbst seiendes — Ganzes und die einende Einheit dieses Ganzen ebenfalls als vorhanden zu denken. Daher erscheint schon der bloße Versuch, die Gesamtheit alles Seienden abschließend in der Einheit des Systems zu denken, als abwegig. Dagegen stehen die Endlichkeit menschlicher Erfahrung und die prozeßhafte Unabgeschlossenheit der Wirklichkeit. Sein und Zeit sind in ihrer Zusammengehörigkeit zu bedenken, und die Prozesse, denen alles Seiende zugehört, sind nirgends schon definitiv abgeschlossen. Insbesondere ist die Geschichtlichkeit der menschlichen Freiheit zwar auf das Vorhandene bezogen, aber zugleich immer auch schon darüber hinaus. Wo das Vorhandene als in sich abgeschlossenes Ganzes ausgegeben wird, da werden die Ansatzpunkte zu seiner Veränderung vernachlässigt und verstellt. Damit wird der Gedanke eines vorhandenen Ganzen alles Seienden ideologisch. Die Brüche und Absurditäten im Vorhandenen, die nach seiner Veränderung auf mögliche Ganzheit hin rufen, werden durch die Illusion einer heilen Welt verdeckt oder zumindest entschärft. Das Vorhandene als Gesamtheit — als selbst vorhandenes System — kann nur die Unwahrheit sein. Das Vorhandene — und in diesem Sinne das Seiende — ist vielmehr als das bestimmt, über das immer noch hinausgefragt und hinausgedacht werden kann. Eben deshalb muß es auch als Lästerung erscheinen, Gott als vorhandenes Seiendes zu denken, als die selbst vorhandene einende Einheit der Welt. Gott wäre so nicht mehr als die alles bestimmende Wirklichkeit gedacht, es sei denn auf Kosten der menschlichen Freiheit. Ein Freiheit und Veränderung ausschließendes Prinzip einer im Vorhandenen geschlossenen Welt trüge jedoch eher diabolische als göttliche Züge.

Obwohl also die Einheit und Ganzheit des Wirklichen nicht mehr als definitiv vorhanden gelten kann, vermag sich das mit der erfahrenen Wirklichkeit zugleich sich selbst reflektierende Denken des metapysischen Themas der Einheit nicht einfach zu entschlagen. Jeder seiner Schritte impliziert Identität. Zwar wird dabei Identität nur als Einheit des Verschiedenen, Nichtidentischen gedacht, aber das Nichtidentische selbst kommt erst im Licht übergreifender, wenn auch nicht immer schon thematisierter Einheit in den Blick. So ist Denken immer schon dem Einen und Ganzen verbündet. Dieses darf nur nicht ohne weiteres als vorhandene Einheit und Ganzheit gefaßt werden, noch auch als die bloß abstrakte Einheit des Allgemeinen, sondern ist als das Seiende zugleich in sich begreifende und übersteigende Bedeutungseinheit zu verstehen.

Die Bedeutung, die einem Seienden auf Grund von Erfahrung zuerkannt wird, greift stets hinaus über das, was an ihm vorhanden und vorfindlich ist. Dabei erfaßt unsere Erfahrung das Besondere und einzelne nur durch ausdrückliche oder unausdrückliche Antizipation eines Bedeutungsganzen, in bezug auf das irgend etwas allererst bedeutsam ist. Dasselbe gilt für jede besondere Bedeutungseinheit im Verhältnis zum jeweils umfassenderen Bedeutungsganzen und endlich zu einer Bedeutungstotalität, die zwar alle konkret erfahrene Bedeutung immer schon konstitutiert, aber nie schon definitiv durch Reflexion eingeholt ist. Solche Bedeutungstotalität ist keine bloße regulative Idee der Einheit alles Inhaltes der Erfahrung, da vielmehr das jeweilige Bedeutungs*ganze* immer schon konstitutiv ist für die Bedeutsamkeit des einzelnen und Besonderen, also nicht als ein sekundär hinzutretendes Prinzip der Integration einer primär gegebenen Mannigfaltigkeit der Erfahrung ausgegeben werden darf. Ferner sind Bedeutungsganzheit und Bedeutungstotalität nicht zu verwechseln mit dem Allgemeinen, das vielmehr nur den abstrakten Abglanz der Totalität konkreter Bedeutungsbeziehungen bildet. Und schließlich ist der letzte Horizont einer unsere Erfahrung immer schon leitenden, aber nie schon reflex eingeholten Bedeutungstotalität nicht zu verwechseln mit der Idee einer Gesamtheit des Seienden, da vielmehr Bedeutung immer das als bedeutsam erfahrene Seiende übersteigt. Bedeutungstotalität schließt also zwar das Seiende in seiner Gesamtheit zusammen, geht aber zugleich hinaus über das was bloß ist und vermag vielleicht gerade darum, die auseinanderstrebende Vielfalt des Seienden zu vereinen.

Der Grundirrtum bisheriger Metaphysik ist also nicht schon darin zu erblicken, daß sie überhaupt Wirklichkeit im Ganzen denken wollte. Das Denken ist mit jedem ersten Schritt schon an Identität, Ganzheit, orientiert und kann darum nicht in einer bloß negativen Dialektik verharren. Aber verhängnisvoll war es, daß das Ganze alles Wirklichen als bereits vorhanden gedacht wurde. Die dem entsprechende Gestalt des Denkens war das in sich geschlossene System. Aber Systeme, die mit dem Anspruch auf Totalität und Endgültigkeit des Wissens auftreten, erweisen ihre Unwahrheit spätestens daran, daß die Wirklichkeit im ganzen noch nicht vollendet, noch im Prozeß ist. Darum ist Totalität, der denkende Erfahrung nicht entsagen kann, solange sie auf Wahrheit auch nur im einzelnen und Besonderen aus ist, nur als Sinntotalität erreichbar, die vorgreifend in der noch unvollendeten und widerspruchsvollen Wirklichkeit eines in der Totalität ihrer Bedeutungsbezüge noch nicht realisierten Gesamtsinnes innewird, der sich ankündigt, dunkel oder lichtvoll, in der Erfahrung von bedeutsam Besonderem.

Mit solcher Sinntotalität des Daseins im Gegensatz zum unvollendet Fragmentarischen des jeweils Vorhandenen hat es alle religiöse Erfahrung zu tun, auch da schon, wo die heilvolle Ganzheit des Daseins nicht im Modus des „Noch nicht" und der Verheißung, sondern als urbildliche und urzeitliche Ordnung geschaut wurde, von der der Mythos kündete. Auch solche heilige Ordnung überschreitet die vorhandene Wirklichkeit. Der Erfahrung des mythischen Denkens entspräche allerdings eher die umgekehrte Charakteristik: Das profane Dasein und die gegenwärtige Welt bleiben immer wieder zurück hinter den mythischen Urbildern. Erst die Religion der Verheißung hat das Heil in der noch offenen Zukunft gesucht statt in einer unvordenklichen Vergangenheit.

Die Philosophie hat sich seit ihren Anfängen auf die von der religiösen Überlieferung behaupteten Sinntotalitäten kritisch zurückgewendet. Ihre Entstehung scheint zusammenzuhängen mit einem Ungenügen daran, daß die religiösen Konzeptionen für das Verständnis des Daseins im ganzen nicht leisteten, was sie zu leisten vorgaben. Ihre rationalen Entwürfe scheinen an der Frage orientiert zu sein, was besser als die jeweilige religiöse Überlieferung geeignet erscheint, die Funktion der göttlichen Gründung des Daseins im ganzen zu erfüllen. Die Philosophie übernimmt mit ihren Konjekturen die Leerstellen der religiösen Überlieferung, deren Behauptungen sie als der Natur des Göttlichen ungemäß und also seiner Funktion nicht genügend zurückweist. Sie entwirft Alternativen zu den vorgegebenen Lösungen der religiösen Überlieferungen. Ging es dabei in der antiken Philosophie in erster Linie um die wahre, d. h. alles Vorhandene als seine Wirkung rechtfertigende Gestalt des göttlichen Ursprungs, entsprechend der altgriechischen Auffassung von der Natur des Göttlichen, so zielt die Religionskritik der neueren Philosophie, nachdem sie den abstrakten Gedanken eines göttlichen Ursprungs als überflüssig, in sich widersprüchlich und als Produkt menschlicher Projektionen abgetan hat, mit zunehmender Deutlichkeit auf die Frage nach wahrer, d. h. alle gegenwärtigen Leiden und Übel überwindender Versöhnung, entsprechend dem christlichen Gottesverständnis, das erst in der Erlösung und Versöhnung der Welt die Offenbarung des wahren Ursprungs aller Dinge findet. Der Übergang zur revolutionären Praxis liegt daher durchaus in der Konsequenz der neuzeitlichen philosophischen Kritik des Christentums und führt sein Thema in anthropozentrischer Umbesetzung fort. Die Christentumskritik geht in der Tat erst da an die Wurzel, wo sie das Thema der christlichen Offenbarung, die Erlösung und das Heil der Menschen, wirksamer ins Werk setzt als die Kirchen.

Die rationale Rekonstruktion fiel nicht immer so eindrucksvoll aus wie die kritische Destruktion der religiösen Überlieferung. Oder vielmehr, das Ungenügen der letzteren zeigte sich manchmal erst beim Scheitern der ersteren. Die Geschichte der Philosophie lehrt, daß die großen Systementwürfe zu den vergänglicheren ihrer Leistungen gehören. Sie verfielen noch schneller der Kritik ihrer philosophischen Nachfolger als die religiösen Überlieferungen. Das ist verständlich, weil jene nur jeweils ein einziges rationales Modell bildeten, während die religiösen Traditionen der Auslegung durch viele solcher Modelle fähig blieben. Es liegt nahe, die dauerhaftere Leistung der Philosophie in der Rationalisierung des Konkreten durch Klassifikation, aber auch in der Analyse solcher Phänomene wie der Bewegung zu suchen. Philosophisches Denken scheint zwar die Vielfalt des konkret Seienden weniger um seiner selbst willen als vielmehr im Hinblick auf seinen Ort im System des Seienden überhaupt untersucht zu haben; es hat sich dem Konkreten zugewendet als Kriterium und Ausgangspunkt für ein angemessenes Verständnis des Seienden im ganzen. Während aber die dabei zunächst intendierten universalen Entwürfe sich als brüchig erwiesen, hat die Bearbeitung des Konkreten immer wieder Teilbereiche erfahrener Wirklichkeit zur Übernahme in die Zuständigkeit einzelwissenschaftlicher Forschung vorbereitet, die keinen übergeordneten Gesamtsinn mehr intendiert, sondern die Verknüpfung der Erscheinungen als Selbstzweck verfolgt.

Die philosophische Ausarbeitung der Logik des Konkreten ist auch für das Verhältnis zwischen Theologie und Philosophie wichtig geworden, zunächst in der Weise, daß die frühchristliche Theologie die von den philosophischen Schulen beschriebenen Phänomene — und damit zugleich oft weitreichende philosophische Theoreme — in ihren eigenen Denkzusammenhang übernahm und damit sich selbst als „wahre Philosophie" etablierte[2]. Die Logik der Phänomene bildet aber auch den

[2] Die Motive dazu wird man in gewissen Besonderheiten der christlichen Religion zu suchen haben, besonders in ihrer Verbindung eines missionarischen Impetus mit einem bestimmten und somit beschränkten geschichtlichen Bezugspunkt des Glaubens: Auf „heidnischem" Boden waren Jesus und der von ihm verkündete Gott weder durch angestammte Überlieferung legitimiert, noch als Inbegriff geläufiger Daseinsstrukturen

Kampfplatz, auf dem sich in der nachmittelalterlichen Situation der Streit zwischen Theologie und Philosophie vollziehen mußte. Denn auf die Logik der Phänomene stützt sich die philosophische Kritik des Christentums ebenso wie einst die der homerischen Götterwelt: auf die Geschlossenheit des Naturgeschehens und seine Unabhängigkeit von göttlichen Eingriffen, auf die Revision des Geschichtsbildes der christlichen Überlieferungen vom Boden der neuen Naturerkenntnis her, auf die

evident. Der zweite Mangel ließ sich noch am ehesten ausgleichen, wie die Aneignung der für die antiken Mysterienreligionen charakteristischen Motive von Tod und neuem Leben für die Christologie zeigt. Aber das Christentum stieß dabei in der hellenistischen Welt auf allerlei Konkurrenz. Wo immer der christliche Gott primär als ein „fremder" Gott empfunden wurde – und das war selbst in der Periode seiner unbestrittenen Autorität im christlichen Mittelalter der Fall, wie die im übrigen für die Theologie so unglückliche These von der „Übernatürlichkeit" der Offenbarungswahrheiten zeigt – da mußte die Zumutung des Glaubens auf das Bedürfnis nach Gründen für die Gottheit dieses Gottes stoßen und also das Bedürfnis nach Philosophie wecken. Dabei hat die christliche Apologetik als „wahre Philosophie" – oder indem sie den christlichen Glauben selbst als wahre Philosophie darstellte – zwar immer wieder den fremden Gott der christlichen Botschaft als Schöpfer der Welt zu denken versucht und damit seine Fremdheit zu beseitigen getrachtet. Aber die Aufgabe war nicht abschließend zu lösen, und damit perenniert das philosophische Bedürfnis der christlichen Überlieferung, ihr Bedürfnis nach Theologie im Sinne apologetischer Reflexion über die bloße Weitergabe heiliger Überlieferung hinaus. Noch im Begriff der Schöpfung selbst liegen die widerstreitenden Momente der Ursprungsverbundenheit von Schöpfer und Geschöpf und der Fremdheit und Ungebundenheit des Schöpfers gegenüber der von ihm geschaffenen Welt beieinander. Indem die Theologie im Begriff der Schöpfung ihre Zusammengehörigkeit zu denken unternahm, kam sie doch nicht darüber hinweg, daß der Glaube an den biblischen Gott als Schöpfer der Welt sich bestenfalls partiell auf das Zeugnis seiner Schöpfung berufen kann, so daß diese Berufung strittig bleibt und immer wieder neuen Streit herausfordert. Am ehesten kann sich die Theologie auf jene Phänomene berufen, die selbst erst im Wirkungsbereich der jüdischen und der christlichen Religion ihren Ursprung haben oder ihre volle Ausbildung fanden, nämlich auf die Geschichtlichkeit des Menschen, auf die seine Einordnung in irgendeine vorhandene Welt sprengende personale Freiheit und auf die gerichtete Zeitlichkeit, den Prozeßcharakter alles Wirklichen überhaupt. Doch eben damit wird auch die Unabgeschlossenheit der Geschichtsprozesse in den Blick gerückt und mithin die Strittigkeit und Offenheit aller Urteile über die Wirklichkeit im ganzen und die sie zum Ganzen einende Macht.

Beschreibung der religiösen Phänomene als Projektionen menschlicher Subjektivität, auf eine Anthropologie, die Religion als ein dem Menschen als Menschen nicht wesentliches Verhalten, den Atheismus hingegen als Bedingung menschlicher Freiheit erklärt, endlich auf eine historische Einordnung des Christentums, die seine Grundgedanken als weltfremd und womöglich schon seit seiner frühesten Geschichte verraten hinstellt. Die christliche Theologie kann solcher philosophischen Kritik nur standhalten, indem sie sich auf eine Diskussion der Phänomene einläßt, auf die jene sich beruft, also auf die Erscheinungen des Naturgeschehens, des menschlichen und besonders des religiösen Verhaltens und der in ihm sich äußernden Subjektivität, endlich auf den Gang der Menschheitsgeschichte und die Stellung des Christentums in ihr. In solcher Diskussion wird die Beschreibung der Phänomene selbst strittig werden. Das schließt nicht aus, daß auch die Theologie die philosophische Kritik an der christlichen Überlieferung großenteils als berechtigt anerkennen kann. Aber sie wird deren Relevanz einschränken. Gewisse Verallgemeinerungen philosophischer Religionskritik wird die Theologie ebensowenig übernehmen können wie gewisse Tendenzen zur Verselbständigung der durch die Philosophie beschriebenen Phänomene von aller religiösen Thematik. Jedenfalls von diesen beiden Punkten her wird sich theologische Integration der philosophischen Kritik nur als Metakritik der Philosophie vollziehen können. Eine solche aber kann philosophischer Argumentation nur dann gerecht werden, wenn sie selbst die Form philosophischer Reflexion hat. Die Umkehrung der philosophischen Kritik religiöser Traditionen ist nur da möglich, wo das religiöse Überlieferung verantwortende Denken seinerseits philosophisch wird und sich insbesondere den Appell an autoritative Gegebenheiten und Instanzen irgendwelcher Art versagt.

Leider hat die Auseinandersetzung zwischen Theologen und Philosophen in der Neuzeit oft nicht die Gestalt eines offenen kritischen Prozesses im Ringen um den Sinn der Phänomene gehabt. Diese reine Gestalt der Auseinandersetzung wurde von beiden Seiten durch Vorbehalte und Vorurteile beeinträchtigt. Die Theologie hat philosophische Kritik vielfach nur als Ausdruck eines Gegenglaubens zur Kenntnis genommen, und die Philosophen haben oft genug Theologie von vornherein als autoritätsgebundenes und daher rationalen Argumenten letztlich nicht zugängliches Denken beurteilt. Auf beiden Seiten hat man sich damit die Auseinandersetzung zu leicht gemacht, da es sich unter solchen Umständen zu erübrigen schien, auf die Einwände und Konzeptionen der Gegenseite ernsthaft einzugehen. Unglückseligerweise sind jedoch die beiderseitigen Vorurteile keineswegs völlig unbegründet. Der beginnenden Neuzeit stellte sich das Christentum der verschiedenen Konfessionen viel eher in der Form der Positivität von vernünftigem Urteil unzugänglichen Offenbarungslehren dar als im Sinne einer „wahren Philosophie". Das etablierte Christentum hatte zwar im Mittelalter dem philosophischen Bildungsdrang Raum gegeben, zog sich aber gegenüber der seine eigenen Grundlagen in Frage stellenden Kritik auf die vermeintlich sichere Autorität der Offenbarung zurück, die dem einzelnen durch eine jenseits philosophischer Reflexion sich vollziehende Glaubenserfahrung gewiß werden sollte. Obwohl die Theologie der Aufklärung und des neunzehnten Jahrhunderts sich bei weitem nicht immer auf dieser Linie bewegte, gab es doch Anlaß genug, sie als charakteristisch für die Stellung der Kirchen zur Neuzeit anzusehen. Auf der andern Seite ließ das Bestreben nach Emanzipation vom Druck des theologischen Autoritätsprinzips und seiner gesellschaftlichen Wirksamkeit in Kirche und Staat schwerlich immer eine Atmosphäre entstehen, in der zugunsten der christlichen Überlieferung sprechende Gesichtspunkte die gleiche Aufmerksamkeit und Beachtung finden konnten wie solche, die zu ihrer Destruktion dienten. Dem theologischen Dogmatismus trat ein rationaler Dogmatismus entgegen, der entweder die sinnliche Wahrnehmung oder vermeintliche erste Prinzipien der Vernunft selbst oder beides zusammen zur exklusiven Quelle aller zulässigen Behauptungen erklärte. Der Irrationalität der Glaubenserfahrung begegnet bis heute die Irrationalität einer allerdings immer wieder durch autoritäre Kirchlichkeit und Theologie herausgeforderten, emanzipativen Selbstbehauptung, der christlicher Glaube und menschliche Freiheit von vornherein als unvereinbare Gegensätze gelten.

Solche Vorurteile und Vorbehalte, aber auch die dazu Anlaß gebenden Einstellungen, müssen durchbrochen werden, um von beiden Seiten her freies Feld für den kritischen Dialog zwischen Theologie und Philosophie zu gewinnen. Wird die Diskussion über die Bedeutsamkeit einzelner Phänomene und ihre Relevanz für die Bedeutungsganzheit des menschlichen Daseins in voller gegenseitiger Offenheit geführt, so dient das der Sache sowohl der Theologie als auch der Philosophie.

Der Theologie kann die philosophische Kritik dazu verhelfen, ein differenzierteres und der Erfahrung der Menschen von sich selbst und von ihrer Welt in Natur und Geschichte besser angemessenes Verständnis von den Bedingungen glaubwürdigen Redens von Gott zu gewinnen und die Relevanz der Geschichte Jesu von Nazareth für die Menschheit und das Ganze der Wirklichkeit unbefangener zu untersuchen. Zwar greifen theologische wie alle anderen Aussagen, die die Bedeutungstotalität des Daseins intendieren, über die Antagonismen und Absurditäten der vorhandenen Welt, über das Fragmentarische der Realität hinaus. Aber ihr Gewicht bemißt sich danach, inwieweit sie sich in der Lage zeigen, den Bruchstücken der Realität und der in ihren Fragmenten sich andeutenden, weil von ihnen entbehrten Ganzheit Raum zu geben, und das nicht nur im Sinne theoretischer Fiktion, sondern als Sinnvertrauen künftigen Gelingens, das schon das gegenwärtige Verhalten zu inspirieren vermag. Das Heil und also die Ganzheit der Welt, in der die Geschichte Gottes zum Ziele kommt, und in der seine Wirklichkeit endgültig offenbar werden soll, ist sicherlich nicht als vorhanden aufweisbar. Die Rede davon richtet aber nicht nur ein Gegenbild zur vorhandenen Welt im Sinne der Vertröstung auf ein besseres Jenseits auf, sondern weist voraus auf eine dieser Welt selbst bestimmte, sie zum Guten verändernde Zukunft. Und solche Verheißung kann der vorhandenen Welt nicht nur entgegengesetzt sein. Sie ist Verheißung nur so, daß sie die Leiden und die entbehrte Vollendung, aber auch die Momente glücklichen Gelingens im gegenwärtigen Dasein auf die sie in sich aufhebende Versöhnung und Erfüllung bezieht. Dieser Bezug des verheißenen, durch Jesus schon gegenwärtigen Heils zur vorhandenen Welt und ihren Erscheinungen, um deren Heil es sich dabei doch handeln soll, begründet das Interesse, das christliche Theologie an der ihr zuteil werdenden philosophischen Kritik nehmen muß.

Aber auch die Philosophie dürfte bei klarem Bewußtsein von den Bedingungen ihres eigenen Denkens und von den Gefährdungen der um die Begründung ihrer selbst kreisenden Reflexion den Dialog mit Religion und Theologie nicht einfach als für ihre eigene Sache unbeträchtlich einschätzen. Der Erschütterung der religiösen Institutionen und Überlieferungen in der modernen Gesellschaft korrespondiert vielleicht nicht zufälligerweise ein unübersehbarer Verfall der Kraft und der Antriebe zu komprehensiven philosophischen Entwürfen. Konnte es in den ersten Jahrhunderten der Neuzeit so scheinen, als ob die Philosophen berufen seien, die Theologie abzulösen in der Aufgabe umfassender Sinndeutung der Wirklichkeit, so hat sich während des letzten Jahrhunderts das Bild gewandelt. Die Philosophie hat sich immer tiefer in die Probleme der Subjektivität verstrickt. Sie hat das Feld des allgemeingültigen Wissens den positiven Wissenschaften überlassen müssen. Demgegenüber gerät ihr eigenes Tun zunehmend in das Licht subjektiver Unverbindlichkeit. Es erweist damit sich selbst als der Geschichtlichkeit und Endlichkeit der geistigen Subjektivität verhaftet, die das zentrale Thema der neuzeitlichen Philosophie gewesen ist. Deren Emanzipation von der Vormundschaft überlieferter Autoritäten bildet die wohl wichtigste Errungenschaft der neuzeitlichen Philosophie, und sie wurde gewonnen in der Auseinandersetzung mit der christlichen Religion und Theologie. Die emanzipierte Subjektivität aber stößt auf die Frage danach, was ihre eigene Freiheit konkret konstituiert und ihr Dasein inhaltsvoll macht. Das ist übrigens eine Frage, die sich heute keineswegs nur der theoretischen Reflexion stellt, sondern ebenso als gesellschaftliches Problem der bürgerlichen Freiheit. Es ist immer wieder versucht worden, der Frage nach der die subjektive Freiheit selbst konstituierenden und ermächtigenden Wirklichkeit zuvorzukommen durch Insistieren auf der Autonomie des Subjekts. In dieser vom transzendentalen Idealismus eingeschlagenen Richtung hat noch die Existenzphilosophie die Lösung für die Problematik der Subjektivität gesucht. Doch es scheint so, daß von der Autonomie des Subjektes her immer nur eine leere, formale Freiheit erreichbar ist, eigentümlich verwandt dem formalen Charakter der in den bürgerlichen Demokratien politisch verwirklichten Freiheit. Es ist deutlich, daß die konkrete, inhaltsvolle Freiheit damit noch nicht gewonnen ist. Das formale Prinzip der Subjektivität bleibt inhaltsleer und gerade darum im Hinblick auf seinen Gehalt beliebig, andererseits aber auch trotz formaler Freiheit den ihm fremden Gesetzen seiner Gehalte ausgeliefert. Der subjektiven Unverbindlichkeit, der das im Zeichen dieses Prinzips sich vollziehende philosophische Denken anheimfällt, kann nicht etwa abgeholfen werden durch Rekurs auf die Wissenschaften, als ob diese, etwa die Soziologie, verbindlichere Auskunft über den Sinnhorizont des Daseins zu geben hätten. Den modernen Wissenschaften ist es eigentümlich, daß sie die von ihnen erforschten Phänomene dem Subjekt zur Disposition stellen — „dem" Subjekt, weil im Prinzip jeder Mensch in diese formale Hülle schlüpfen kann. Nur weil es der heimliche Zweck des modernen Wissenschaftsbetriebes ist, die Phänomene zur freien Verfügung des Subjekts zu stellen, konnten die Einzelwissenschaften von der umfassenden Sinnfrage der Philosophie gelöst und verselbständigt werden: Die Sinnfrage konnte ausgeklammert werden, weil sie der freien Sinngebung der solches Wissen gebrauchenden Subjekte und ihren Zwecksetzungen überlassen bleiben sollte. Die Wertfreiheit des Wissens ist Bedingung dafür, daß es der formalen Freiheit des Subjekts zu verschiedensten Zwecken disponibel bleibt. Gerade darum aber vermag keine der auf einen begrenzten Gegenstandsbereich eingeschränkten Einzeldisziplinen die Konstitution der subjektiven Freiheit selbst zu leisten. Wo dieser Versuch gemacht wird, geht die Freiheit in jedem Sinne verloren an eine Gegenstandswelt, die durch die Wissenschaft doch gerade zur Disposition des Subjekts und seiner Freiheit gestellt werden soll. Auch das ist kein bloß theoretisches Problem, sondern die Menschheit ist Zeuge, wie seine Aporien in Gestalt einer „wissenschaftlich" organisierten Gesellschaft durchgespielt werden.

Die Konstitution der Subjektivität, ihre Verwirklichung im Sinne inhaltsvoller Freiheit, bleibt das unerledigte Thema des modernen Denkens. Wer einsieht, daß das Prinzip der Autonomie für sich genommen nur zur formalen Freiheit führt, und daß die Orientierung der Freiheit an den Wissenschaften den Verlust der Freiheit zur Folge haben muß, der wird vielleicht der religiösen Thematik neue Aufmerksamkeit zuwenden. In der christlichen Religion sind schließlich einige der Motive der modernen Subjektivität beheimatet, ihre Freiheit von der Struktur des Kosmos und ihre Unmittelbarkeit zur Wahrheit. Allerdings kann die christliche Religion für die Subjektivitätsproblematik erst dann wieder relevant werden, wenn Kirche und Theologie ihre autoritäre Gestalt abgelegt haben, von der die neuzeitliche Subjektivität sich emanzipiert hat und die mit ihrer Freiheit in jeder Form unvereinbar bleibt. In entpositivierter Gestalt jedoch erschließt die christliche Überlieferung den Horizont einer die vorhandene Welt transzendierenden, aber sie in sich aufnehmenden und verwandelnden Bedeutungstotalität des Daseins, die die subjektive Freiheit gegenüber der Welt und den jeweiligen gesellschaftlichen Systemen konstituiert. Entscheidend ist dabei, daß die Offenheit des christlichen Bedeutungsfeldes auf eine noch nicht realisierte Zukunft definitiver Erfüllung hin, die die Totalität seiner Bedeutungsstrukturen allererst begründet, die Möglichkeit ständiger Revision des christlichen Daseinsverständnisses in allen Einzelzügen offenhält. Erst dadurch ist jede autoritäre Funktion irgendwelcher Konzeptionen christlicher Religion und ihrer Institutionen vom Wesen der Sache her ausgeschlossen, und erst durch diese Offenheit einer stets noch möglichen Verwandlung und „Perfektibilität" des Christentums selbst vermag es menschliche Freiheit zu konstituieren, ohne sie zugleich zu zerstören, wie es bei den autoritären Überlieferungsformen des Christentums und ihren Institutionen der Fall war.

Mit diesen Erwägungen ist nichts über die Wahrheit des Christentums ausgemacht, wohl aber über die Bedingungen, unter denen es für die Philosophie im Hinblick auf ihre eigene zentrale Problematik, die der Subjektivität, überhaupt wieder relevant werden könnte. Die Bedeutungseinheit des Daseins ursprünglich zu konzipieren, ist genau genommen keine philosophische Möglichkeit. Es ist der Grundakt religiöser Wahrnehmung des „Universums", wie der junge Schleiermacher sagte, — der Wahrnehmung einer die fragmentarische Realität übersteigenden und so Freiheit eröffnenden Sinntotalität des Daseins. Solche religiöse Wahrnehmung ist Ausgangspunkt nicht nur der Theologie, die ihre Tragweite interpretierend ausdrücklich macht, sondern auch der Philosophie, die die Tragweite religiöser Sinnerfahrung im Hinblick auf ihre Fähigkeit zur Integration der phänomenalen Welt prüft, sie gegebenenfalls korrigiert und darin mit dem konstruktiven Denken der Theologie konkurriert, nie aber jene Sinntotalität aus der Subjektivität des Denkens herzuleiten vermag. Bringt philosophische Reflexion das Element der Negativität, der Nichtidentität und somit gedankliche Bewegung in das Leben des Bewußtseins, so bleibt sie doch immer bezogen auf ein Vorgedachtes, das sie wohl erschüttern, aber nicht selbst hervorbringen kann. So könnte es sein, daß die Denker recht behalten, die Philosophie als angewiesen auf vorgängige religiöse Erfahrung und Überlieferung gesehen haben, trotz aller kritischen Beziehung zu dieser, wie sie dem philosophischen Denken wesentlich zu sein scheint. Philosophische Kritik löst die autoritäre Struktur der religiösen Überlieferung auf. Sie zwingt das Überlieferte zur Veränderung, wo es unfähig geworden ist, die gegenwärtige

Lebenswirklichkeit zu erfassen. Damit werden Religion und Theologie herausgefordert, aber so, daß beiden durch diese Herausforderung die Chance zuteil wird, ihr eigenes Wesen reiner und klarer auszuprägen. Wo das gelingt, da kann auch das philosophische Denken nur gewinnen, sofern es ihm um mehr geht als um die negative Dialektik, die die Grenzen des Endlichen und aller vorhandenen Sinnverwirklichung aufzeigt, nämlich um Erhellung des solche negative Dialektik immer schon leitenden Sinnhorizontes, der allem subjektiven Setzen vorgegeben ist, aber nur durch den Akt der Freiheit des Subjekts in die vorhandene Welt eintritt, um in ihr die Einheit der Wahrheit und den Frieden unter den Menschen aufscheinen zu lassen.

Die Bedeutung des Christentums in der Philosophie Hegels*

1.

Zu den grundlegenden Bedingungen der neuzeitlichen Lebenswelt gehört die Lockerung der engen Bindungen, die im Mittelalter zwischen Kirche und Gesellschaft bestanden hatten. Will man diesen außerordentlich komplexen, weiträumigen und in verschiedenen Ländern unterschiedlich schnell fortschreitenden Prozeß vereinfachend auf ein einzelnes auslösendes Ereignis zurückführen, so muß sich der Blick auf die Reformation richten, und zwar in erster Linie auf ihre unbeabsichtigten weltgeschichtlichen Konsequenzen: Die abendländische Kirchenspaltung und die in ihrem Gefolge für über ein Jahrhundert die europäischen Nationen lähmenden Glaubenskriege riefen nach einer Emanzipation des Staates und seines Rechtes von den kontroversen Ansprüchen der Konfessionskirchen. Dadurch gewannen die weit in das Mittelalter zurückreichenden Tendenzen zur Ausbildung einer rein weltlichen Kultur einen Boden, auf dem sie sich frei entfalten und sich ihrerseits lösen konnten von den Autoritätsansprüchen der konfessionell zersplitterten Kirchen. Der hier angelegte Zwiespalt von kirchlichem Christentum und moderner Lebenswelt hat sich immer wieder antagonistisch zugespitzt, weil keine der beiden Seiten auf die eine und unteilbare Wahrheit Verzicht leisten konnte. Auf der einen Seite ging es um Emanzipation von kirchlicher Vormundschaft und um Beseitigung kirchlicher Privilegien, auf

* Vortrag beim Hegelkongreß in Stuttgart am 14. Juli 1970, auch in: Archives de Philosophie 33, 1970 (1971) 755–786 (frz.).

der anderen Seite um die Selbstbehauptung des kirchlichen Christentums gegen den Geist der Moderne.

Dieser Dualismus von kirchlichem Christentum und moderner Lebenswelt hat das Problembewußtsein Hegels seit den Jahren seines Tübinger Theologiestudiums geprägt. Dabei wußte sich der junge Hegel keineswegs als Anwalt für den Bestand eines kirchlichen Christentums, weder im Sinne orthodoxer Selbstabschließung, noch auch durch Anpassung der religiösen Überlieferung an den Geist der Aufklärung. Hegel konzentrierte sich auf die religiöse Thematik, weil sie ihm unerläßlich schien für eine Lösung der Probleme der modernen Gesellschaft. Von früh an hat Hegel das eigentümliche Wesen der modernen Welt zu tief erfaßt, um mit der radikalen französischen Aufklärung eine Loslösung vom überlieferten Christentum bereits als Emanzipation im Sinne einer Befreiung des Menschen einschätzen zu können. Schon in seinen von Nohl unter dem Titel „Volksreligion und Christentum" herausgegebenen Aufzeichnungen hat Hegel vielmehr das Problem der Gesellschaft selbst als ein religiöses Problem erkannt. Deshalb ist es müßig, bei der Interpretation der Jugendschriften Hegels sein gesellschaftspolitisches Interesse gegen das religiöse geltend zu machen oder umgekehrt. Das Thema der politischen Emanzipation ist selbst in seinem Zentrum ein religiöses: Mit dieser Einsicht unterscheidet sich Hegel nicht nur von der bilderstürmerischen Religionskritik der französischen Aufklärung, sondern auch von den seit der Mitte des 19. Jahrhunderts entwickelten und bis heute dominierenden Versuchen, das Verhältnis von Christentum und Neuzeit durch den Begriff der Säkularisierung zu beschreiben, also als ein Fortwirken ursprünglich christlicher Motive, die aber dabei ihre religiöse Form verloren haben. Hegel hielt gerade die religiöse Form selbst für unverzichtbar im Interesse der gesellschaftlichen Emanzipation. Der Stuttgarter Gymnasiast drückte das so aus, daß der „gemeine Mann" nicht durch Wissenschaften und Künste, sondern nur durch Religion der Aufklärung teilhaftig werden könne[1]. Der Tübinger Theologiestudent sagte es in der Sprache der Moraltheologie Kants: Die Religion gebe „der Moralität und ihren Beweggründen einen neuen erhabenern Schwung“[2]. Einige Jahre später hat Hegel sich kritisch gegen Kants Begriff der Moralität gewendet, und von da an faßte er den Begriff der Religion tiefer als Erhebung „vom endlichen Leben zum unendlichen Leben“, d. h. zu jenem „Geist des Ganzen“, in welchem alles im Leben Getrennte und Entgegengesetzte vereinigt ist[3]. Doch auch die so bestimmte Religion blieb für Hegel mit der politischen Thematik verbunden. So heißt es 1821 in der Religionsphilosophie, die Religion sei das den Staat „für das Tiefste der Gesinnung integrierende Moment“[4]. Da nämlich die Religion die absolute Wahrheit zu ihrem Inhalt habe, so „fällt auch das Höchste der Gesinnung in sie . . . Staat und Gesetze, wie die Pflichten, erhalten in diesem Verhältnis für das Bewußtsein die höchste Bewährung und die höchste Verbindlichkeit; denn selbst Staat, Gesetze und Pflichten sind in ihrer Wirklichkeit ein Bestimmtes, das in eine höhere Sphäre als in seine Grundlage übergeht“[5]. Hegel hat die Wirklichkeit des Staates also auch noch in der Rechtsphilosophie durchaus als eine endliche und beschränkte angesehen, obwohl ihm der Staat im Prinzip — übrigens ganz im Sinne der seine Jugendschriften beherrschenden Fragestellung — „göttlicher Wille als gegenwärtiger, sich zur wirklichen Gestalt und Organisation einer Welt entfaltender Geist“ war[6]. Die Endlichkeit und Beschränktheit der sittlichen Wirklichkeit des Staates begründet die Notwendigkeit der Religion für den Staat. Das Verhältnis der Religion zum Staat ist dabei keineswegs nur das der höheren Beglaubigung und Rechtfertigung. Es kann

[1] Dokumente zu Hegels Entwicklung ed. J. Hoffmeister, 1936, 37.

[2] Theologische Jugendschriften ed. H. Nohl, 1907, 5.

[3] Nohl 347.

[4] Grundlinien der Philosophie des Rechts ed. J. Hoffmeister (PhB 124a) § 270, p. 225; vgl. Hegels Vorlesungen über die Philosophie der Religion ed. Ph. Marheineke, Jubiläumsausgabe der sämtlichen Werke Hegels Band 15, 116.

[5] Grundlinien der Philosophie des Rechts § 270.

[6] Ebd. p. 222.

auch kritischen Sinn haben, wie Hegels Äußerungen über diejenigen Staaten, in denen das christliche Prinzip der Freiheit noch nicht zur vollen Auswirkung gekommen ist, erkennen lassen. So oder so aber geht das religiöse Bedürfnis aus der Erfahrung der Schranken der politischen Wirklichkeit hervor, und in diesem Sinne konnte Hegel noch in seiner Enzyklopädie 1817 schreiben, Kant habe mit Recht die religiöse Erhebung zum Glauben an Gott als „aus der praktischen Vernunft hervorgehend" betrachtet[7]. „Die wahrhafte Religion und wahrhafte Religiosität geht nur aus der Sittlichkeit hervor und ist die denkende d. i. der freien Allgemeinheit ihres konkreten Wesens bewußtwerdende Sittlichkeit", wie umgekehrt die Sittlichkeit selbst nichts anderes ist als „der göttliche Geist als inwohnend dem Selbstbewußtsein in dessen wirklicher Gegenwart als eines Volkes und der Individuen desselben" (ebd.). Allerdings ist für Hegel die religiöse Erhebung zu Gott nicht mehr wie für Kant eine bloße Konsequenz oder ein Postulat (ebd.) aus einer für sich selbst feststehenden Sittlichkeit. Vielmehr ist „das wahrhaft Sittliche Folge der Religion", wie es in der dritten Ausgabe der Enzyklopädie 1830 im gleichen Zusammenhang heißt. Darum, obwohl die religiöse Erhebung ihren „Ausgangspunkt" in der Sphäre der Sittlichkeit — und das heißt für Hegel immer: im konkreten gesellschaftlichen Leben — hat, ist die religiöse Thematik als „Bewußtsein des absolut Wahren" doch in sich selbst gegründet und zieht ihre Berechtigung keineswegs nur aus ihrer praktischen Relevanz für Moralität und öffentliche Sittlichkeit. Die Religion hat für Staat und Gesellschaft in der Sicht des reifen Hegel gerade darum fundamentale Bedeutung, weil sie nicht erst durch ihre Funktion und also durch eine ihr äußerliche Nützlichkeit gerechtfertigt werden muß, sondern „die absolute Wahrheit zu ihrem Inhalt" hat. Das sittliche Leben der Gesellschaft und der Staat sind nach der Enzyklopädie so sehr vom religiösen Be-

[7] Encyklopädie der Philosophischen Wissenschaften im Grundrisse, ed. J. Hoffmeister (PhB 33), § 552.
[8] Nohl 27.

wußtsein des Volkes abhängig, daß Hegel sagen kann: „so lange nicht die wahrhafte *Religion* in der Welt hervortritt und in den Staaten herrschend wird, so lange ist nicht das wahrhafte Prinzip des *Staates* in die Wirklichkeit gekommen." Platon habe diesen Sachverhalt noch nicht gesehen, weil er noch nicht die subjektive Gesinnung als den Ort der Religion und ihrer politischen Bedeutung erkannt habe, wie ja überhaupt sein Staat noch „ohne die subjektive Freiheit" konzipiert sei. Die subjektive Freiheit und damit auch die Subjektivität der sittlichen Gesinnung als Trägerin der politischen Relevanz der Religion ist für den reifen Hegel erst die weltgeschichtliche Wirkung des Christentums gewesen.

In Hegels Anfängen liest sich das noch anders. In den frühen Aufzeichnungen über Volksreligion und Christentum heißt es im Gegensatz zu den bestehenden Formen des Christentums von der Hegel vorschwebenden Volksreligion, sie gehe „Hand in Hand mit der Freiheit"[8], und Hegel orientierte sich bei der Ausmalung dieses Ideals nicht am Christentum, sondern am Vorbild der griechischen Religion. Später hat Hegel dagegen die Beschränktheit der griechischen Freiheit hervorgehoben, ihre Abhängigkeit von äußerlichen Umständen, besonders vom Zufall der Geburt und der glücklichen Bewahrung vor der Sklaverei. In der Berliner Einleitung zur Geschichte der Philosophie (1820) schreibt Hegel, die Griechen und Römer wußten „nicht, daß der Mensch als Mensch frei ist". Erst „in der christlichen Religion kam die Lehre auf, daß vor Gott alle Menschen frei sind, daß Christus die Menschen befreit hat, vor Gott gleich, zur christlichen Freiheit befreit. Diese Bestimmungen machen die Freiheit unabhängig von Geburt, Stand, Bildung usf. . ."[9]. Hegel nennt diese mit dem Christentum in die Welt gekommene Freiheit auch „das Prinzip der absoluten Freiheit in Gott"[10]; denn diese subjektive Freiheit

[9] Vorlesungen über die Geschichte der Philosophie: I. System und Geschichte der Philosophie, ed. J. Hoffmeister, 1940 (PhB 166), 63 vgl. Philosophie der Geschichte ed. F. Brunstäd (Reclam), 1961, 339, 459.

[10] Philosophie der Geschichte, a.a.O. 459. Freiheit in diesem Sinne

in ihrer von den äußeren Lebensumständen unabhängigen Gewißheit ist begründet in der Einheit des Menschen mit Gott, wie sie durch Christus offenbart worden ist[11]. Weil die durch das Christentum eröffnete Freiheit in der Teilhabe des Menschen an Gott begründet und so allgemein ist wie der eine Gott der Gott aller Menschen ist, darum gehören die allgemeine Freiheit des Menschen als Menschen und das christliche Inkarnationsdogma für Hegel auf das engste zusammen. Hegels Wendung zu einer positiven Würdigung des christologischen Dogmas, in dem er nicht wie Kant nur eine Illustration für einen allgemeinen Sachverhalt der Vernunft gesehen hat, sondern den treffenden Ausdruck der weltgeschichtlichen Wende, zu der hin und von der her alle Geschichte datiert, hängt mit der Erkenntnis seiner Verbundenheit mit der Geschichte der Freiheit zusammen. Diese Erkenntnis findet sich noch nicht in den theologischen Jugendschriften Hegels. Sie begegnet erst in der Phänomenologie des Geistes. Noch dunkel und rätselhaft deutet sie sich an in dem berühmten Kapitel über das unglückliche Bewußtsein, das des abstrakten Charakters der stoischen und der skeptischen Freiheit gewahr ist und weiß, daß es seine Freiheit und seine Wahrheit nicht unabhängig von den Zuständen der Welt haben kann. Das Unglück dieses Bewußtseins besteht darin, daß es sich getrennt weiß von dem, was sein Wesen und seine Wahrheit sein könnte. Eigenartigerweise hält sich in der Hegelforschung bis heute die auf den Linkshegelianismus zurückgehende Auffassung, dieser Begriff des unglücklichen Bewußtseins beschreibe das Christentum mit seinem Jenseitsglauben[12]. Die Religionskritik der Hegelschen Linken fand im Phänomen des unglücklichen Bewußtseins, das sein eigenes Wesen als ein fremdes von sich geschieden denkt, das Modell der Religion überhaupt. Doch für Hegel ist das un-

„kann nur da sein, wo die Individualität als positiv im göttlichen Wesen gewußt wird" (ebd. 101).

11 Geschichte der Philosophie I, 245 f.

12 So beispielsweise G. Lukacs, Der junge Hegel und die Probleme der kapitalistischen Gesellschaft (1948) Berlin 1954, 546 f. Ebenso A. Kojève, Hegel (dt. 1958), 55 f., 62 ff., 65 u. ö. Schon R. Haym fand im un-

glückliche Bewußtsein eine geschichtliche Gestalt des Geistes, die er in seinen Anfängen mit der jüdischen Religion, später auch mit dem Geist der römischen Kaiserzeit verknüpfte[13] und die durch das Christentum zumindest im Prinzip überwunden ist. Denn das Prinzip des Christentums ist ja nicht die Entzweiung und Trennung des Göttlichen und des Menschlichen, sondern die *Versöhnung*[14] dieses Gegensatzes in der Einheit von Gott und Mensch. Das unglückliche Bewußtsein dauert im Christentum nur insofern noch fort, als „der einfache Inhalt der absoluten Religion", nämlich die „Menschwerdung des göttlichen Wesens"[15], im christlichen Glauben zunächst nur an der vereinzelten Gestalt Jesu angeschaut und als die Besonderheit seiner Person aufgefaßt, aber noch nicht in ihrer allgemeinen

glücklichen Bewußtsein „eine Charakteristik der kirchlichen und mönchischen Ethik des mittelalterlichen Christentums" (Hegel und seine Zeit, 1857, 238). Dagegen hat J. Hyppolite, La Phénoménologie de l'esprit I, 1939, 176–192 auf den Zusammenhang des „unglücklichen Bewußtseins" bei Hegel mit der jüdischen Religion hingewiesen (178 Anm. 24).

[13] Religionsphilosophie 16, 185 ff. 273 ff., Philosophie der Geschichte (ed. Brunstäd) 440 und 442 ff., wo gegenüber der römischen Welt die positive Bedeutung der jüdischen Erfahrung des unendlichen Schmerzes herausgestellt wird, gegenüber Nohl 260 und 373: Dort gilt die mosaische Religion als „eine Religion aus Unglück und fürs Unglück, nicht fürs Glück, das frohe Spiele will; der Gott zu ernsthaft . . . eine Religion des Unglücks, denn im Unglück ist die Trennung vorhanden, da fühlen wir uns als Objekte und müssen zum Bestimmenden fliehen – im Glück ist diese Trennung verschwunden".

[14] Die Versöhnung als Überwindung des unglücklichen Bewußtseins wird innerhalb des Kapitels p. 160 (Phänomenologie des Geistes ed. J. Hoffmeister, PhB 114) und 163 erwähnt. Die späteren Rückverweise auf das unglückliche Bewußtsein, vor allem 523 ff. und 533, lassen ebenfalls erkennen, daß dieses Bewußtsein zwar den Ausgangspunkt („das gemeinschaftliche Geburtswehe" 525) für das Christentum bildet, von diesem selbst aber zu unterscheiden bleibt. Auch die Anklänge an christliche Motive (so 166 oben an die Inkarnation, 169 an den Mittlergedanken) treten in jenem Kapitel nach der späteren Erklärung nur „in der Bestimmung des aus dem Bewußtsein hervorgebrachten und ersehnten Inhalts, worin der Geist sich nicht ersättigen, noch Ruhe finden kann, weil er noch nicht an sich oder als seine Substanz sein Inhalt ist" (533) auf, obwohl der Inhalt der offenbaren Religion dabei „zum Teil schon . . . vorgekommen" ist (ebd.).

[15] A.a.O. 528.

Tragweite erfaßt worden ist; „... die ganze folgende Geschichte ist erst die Realisation dieser konkreten Freiheit". In der Kirche der christlichen Frühzeit und des Mittelalters hat „das Licht der unendlichen Freiheit ... noch nicht das Weltliche durchschienen"[16]. Das „religiöse Prinzip, das dem Herzen der Menschen einwohnt", muß aber „auch als weltliche Freiheit hervorgebracht" werden[17]. Den entscheidenden Schritt dazu hat nach Hegel die Reformation getan. Hegel hat erstaunlich treffsicher den Zusammenhang von Rechtfertigungsglauben und christlicher Freiheit bei Luther erkannt: Indem der Glaubende alle eigene Gerechtigkeit aufgibt, erlangt er im Glauben Anteil an Christus und an seiner Gerechtigkeit und damit Anteil an der Gerechtigkeit Gottes. In Hegels Worten heißt das: „das Subjekt selbst soll ein wahrhaftes werden, indem es seinen partikularen Inhalt gegen die substantielle Wahrheit aufgibt und sich diese Wahrheit zueigen macht.[18]" Durch Preisgabe der eigenen Endlichkeit und Partikularität gewinnt der Mensch teil an Gott. Was bisher als Besonderheit Christi galt, das ist nun durch den Glauben an ihn allgemein geworden: die Vereinigung des Menschen mit Gott und darin die Freiheit von aller äußerlichen Bindung und Autorität.

In der Vernunftautonomie des aufgeklärten Geistes und in der politischen Freiheit der französischen Revolution hat Hegel Wirkungen des reformatorischen Kerngedankens der christlichen Freiheit erblickt. Dabei hat er den Unterschied nicht übersehen, daß die Freiheit in Gott bei Luther noch gebunden war an eine vorgegebene religiöse Autorität, während die Aufklärung allein die eigene Einsicht und Überzeugung gelten läßt[19].

[16] Philosophie der Geschichte, ed. Brunstäd 457, vgl. Vorlesungen über die Philosophie der Religion 16, 145 f., 253 ff. u. ö.

[17] Vorlesungen über die Philosophie der Geschichte 461.

[18] Ebd. 558.

[19] „Luther hatte die geistige Freiheit und die konkrete Versöhnung erworben, er hat siegreich festgestellt, was die ewige Bestimmung sei, müsse in ihm selber vorgehen. Der *Inhalt* aber von dem, was in ihm vorgehen und welche Wahrheit in ihm lebendig werden müsse, ist von Luther angenommen worden, ein Gegebenes zu sein, ein durch die Religion Offenbartes. Jetzt ist das Prinzip aufgestellt worden, daß dieser

Aber der Übergang vom reformatorischen Freiheitsgedanken zur vernünftigen und weltlichen Freiheit der Aufklärung erschien Hegel als ein innerlich notwendiger Schritt. Das reformatorische Prinzip der Selbständigkeit des einzelnen im Glauben gegenüber aller menschlichen Autorität mußte zur Vernunftsautonomie der Aufklärung führen. Erst in ihr und in der aus ihr hervorgehenden politischen Freiheit hat die christliche Freiheit der Reformation ihre welthafte Realisierung gefunden. Wiederum hat Hegel durchaus gesehen, daß diese Wirkungsgeschichte des reformatorischen Freiheitsgedankens nicht geradlinig, sondern auf eigentümlichen Umwegen verlaufen ist. Erst die Kirchenspaltung hat die Emanzipation des Staates von der religiösen Autorität der Kirchen ermöglicht, die zum Boden für die gegenüber „den *besonderen* Kirchen" verselbständigte Freiheit des Gedankens und auch der Religion selbst — im Sinne der Toleranz anderen Bekenntnissen gegenüber — geworden ist. So kann Hegel in der Rechtsphilosophie sogar die Kirchenspaltung als eine notwendige Bedingung der Realisierung der christlichen Freiheit deuten: „Es ist daher so weit gefehlt, daß für den Staat die kirchliche Trennung ein Unglück wäre oder gewesen wäre, daß er *nur durch sie* hat werden können, was seine Bestimmung ist, die selbstbewußte Vernünftigkeit und Sittlichkeit. Ebenso ist es das Glücklichste, was der Kirche für ihre eigene und was dem Gedanken für seine Freiheit und Vernünftigkeit hat widerfahren können."[20] Auf diesem Umweg, der in der Perspektive eines heutigen ökumenischen Bewußtseins allerdings wohl kaum noch so vorbehaltlos als in jeder Hinsicht notwendig und glücklich bezeichnet werden dürfte, ist die geistige und politische Freiheit der Moderne aus dem Christentum hervorgegangen. Diese historische Feststellung gewinnt ihr volles Gewicht jedoch erst durch die weitere These, daß es sich dabei keineswegs nur um zufällige

Inhalt ein gegenwärtiger sei, wovon ich mich innerlich überzeugen könne, und daß auf diesen inneren Grund alles zurückgeführt werden müsse", ebd. 587. Dazu mit weiteren Belegen K. Löwith, Hegels Aufhebung der christlichen Religion, Hegel-Studien Beiheft 1, 1964, 193–236, bes. 222 f.

historische Anfangsbedingungen einer nunmehr in sich selbst begründeten Wirklichkeit handle. Die Freiheit des sittlichen Staates hat nach Hegel vielmehr auch weiterhin ihre eigentliche Substanz in der christlichen „Freiheit in Gott"[21]. Eine solche Behauptung ist angesichts der vielfältigen Spannungen zwischen dem Geist der Neuzeit und dem traditionellen Christentum alles andere als selbstverständlich. Doch erst mit diesem Gedanken überschreitet Hegel den Umkreis der Theorien, die die Moderne als Emanzipation von ihren christlichen Ursprüngen deuten. Hegel hat zuerst in der Phänomenologie des Geistes die bleibende Bindung der geistigen Freiheit der Aufklärung an den im Glauben bewahrten absoluten Inhalt begründet. Indem die „reine Einsicht" der Aufklärung sich zum Inhalt des Glaubens nur negativ verhält „und ihn noch nicht als sich selbst weiß, verkennt sie sich in ihm" und wird „Unwahrheit und Unvernunft"[22].

Die aufgeklärte Kritik zeigt zwar mit Recht in den Vorstellungen des Glaubens deren Endlichkeit auf[23], aber indem sie überhaupt alle Bestimmtheit, „d. h. allen Inhalt und Erfüllung desselben auf diese Weise als eine Endlichkeit, als menschliches Wesen und Vorstellung begreift, wird ihr das absolute Wesen zu einem Vakuum, dem keine Bestimmungen, keine Prädikate beigelegt werden können"[24], und so gerät die aufgeklärte Kritik des Glaubens in die „Plattheit" und den Widerspruch, daß sie vorgibt, „nur von der Endlichkeit, und zwar sie als das Wahre, und dies Wissen von derselben als dem Wahren als das Höchste zu wissen"[25]. Für Hegel war es dabei von untergeordneter Bedeutung, ob die den Gottesgedanken entleerende Religionskritik ihn in seiner leeren Allgemeinheit bestehen ließ und nur das Nichtwissen des Menschen von Gott

[20] Grundlinien der Philosophie des Rechts § 270.
[21] S. o. Anm. 10.
[22] Phänomenologie des Geistes ed. Hoffmeister 389, vgl. 401 f.
[23] Ebd. 406, vgl. 393.
[24] Ebd. 397.
[25] Ebd. 400, vgl. Vorlesungen über die Philosophie der Religion 16, 32 f.

betonte oder ob sie den Gottesgedanken überhaupt ablehnte. In beiden Fällen handelt es sich um „Gleichgültigkeit gegen die Religion, die man entweder dahingestellt sein und auf sich beruhen läßt oder endlich bekämpft", und der späte Hegel fügte hinzu: „Das ist die Consequenz seichter Seelen."[26] Indem so der Verstand das Wissen auf endliche Gegenstände reduziert und das göttliche Wesen des Glaubens in seine endlichen Elemente auflöst, gerät das moderne Freiheitsbewußtsein der reinen Einsicht in eigentümliche Parallele zum unglücklichen Bewußtsein der antiken Welt. Es erleidet „das tragische Schicksal der an und für sich sein sollenden Gewißheit seiner selbst". Dieses tragische Schicksal der reinen Einsicht besteht darin, daß sie untergeht mit der Negation der ihr Selbstsein tragenden substantiellen Wahrheit: „Es ist das Bewußtsein des Verlustes aller Wesenheit in dieser Gewißheit seiner und des Verlustes eben dieses Wissens von sich — der Substanz wie des Selbst, es ist der Schmerz, der sich als das harte Wort ausspricht, daß Gott gestorben ist."[27] Hegels berühmtes und oft mißdeutetes Wort vom Tode Gottes formuliert das Ergebnis der Verstandeskritik der Aufklärung am Christentum, das Ergebnis der Verselbständigung der als freie Einsicht sich wissenden subjektiven Freiheit von ihrer geschichtlichen Herkunft aus der christlichen „Freiheit in Gott". Der Tod Gottes ist für Hegel ein notwendiges Moment der Verwirklichung des Christentums in der subjektiven Freiheit, weil diese subjektive Freiheit zunächst unmittelbar gegen alle Autorität und Überlieferung auftritt. Dabei bezeichnet der Tod Gottes zugleich das Ende einer als abstraktes Jenseits gedachten Gottesvorstellung. Der Tod des Mittlers enthält „zugleich den Tod der *Abstraktion des göttli-*

[26] Vorlesungen über die Philosophie der Religion 16, 51, vgl. 186 f. bes. 187: „Auf jenem inhaltlosen Standpunkt hingegen ist gar keine Religion möglich, denn ich bin das Affirmative, während die an und für sich seiende Idee in der Religion schlechthin durch sich, und nicht durch mich, gesetzt sein muß: es kann also hier keine Religion sein, so wenig als auf dem Standpunkt des sinnlichen Bewußtseins."

[27] Phänomenologie des Geistes 523, vgl. 546. Die Parallele zwischen der Gegenwart und „der Zeit des römischen Kaisertums" begegnet auch

chen Wesens, das nicht als Selbst gesetzt ist"[28], in welchem also die im Inkarnationsgedanken enthaltene Einheit von Gott und Mensch noch nicht in ihrer vollen Tragweite gedacht ist, sondern Gott nur in jenem ausschließenden Gegensatz zu Mensch und Welt vorgestellt wird, der seinen Ausdruck im unglücklichen Bewußtsein findet. Erledigt ist also für Hegel jener abstrakte Dualismus eines dem Endlichen nur entgegengesetzten (und so seinerseits endlichen) Unendlichen. Aber das Denken Hegels konnte nicht bei der Feststellung des Todes Gottes stehen bleiben, weil der Tod Gottes zugleich den Verlust des Selbstbewußtseins und seiner subjektiven Freiheit bedeuten muß. Die Erkenntnis, daß die subjektive Freiheit des modernen Bewußtseins nicht ohne Gott fortbestehen kann, führt zur Revision der Einseitigkeiten der Religionskritik der Aufklärung. Sie macht nicht rückgängig, was das Recht dieser Kritik ist. Sie gewinnt den konkreten Inhalt der Religion zurück, indem sie die falsche Entgegensetzung des Unendlichen zum Endlichen überwindet und so die Einheit von Endlichem und Unendlichem im christlichen Zentralgedanken der Menschwerdung Gottes und also im Prinzip der subjektiven Freiheit selbst zu Ende denkt.

Das Prinzip der subjektiven Freiheit ist also für Hegel der Grund, weshalb man nicht im Namen dieser Freiheit die christliche Religion in der Weise einer „Säkularisierung" hinter sich lassen kann. Aus demselben Grunde wendet Hegel sich in seiner Enzyklopädie gegen die Trennung von Staat und Religion: Der moderne Staat kann nicht *sittlicher* Staat im Sinne der Verwirklichung der subjektiven Freiheit sein ohne die Grundlage dieser subjektiven Freiheit in der christlichen Religion. Mit einem Seitenblick auf die französische Revolution nennt Hegel es „eine Torheit neuerer Zeit, ein System verdorbener Sittlichkeit, deren Staatsverfassung und Gesetzgebung, ohne

– und ausdrücklich – in den religionsphilosophischen Vorlesungen 16, 196 und 354 f. Die Wendung vom Tode Gottes erscheint bei Hegel zuerst 1803 am Ende seiner Abhandlung über Glauben und Wissen, PhB 62b, 123 f.

[28] Phänomenologie des Geistes 546.

Veränderung der Religion umzuändern, eine Revolution ohne eine Reformation gemacht zu haben"[29]. Überhaupt sei es „der ungeheure Irrtum unserer Zeiten gewesen, diese Untrennbaren [nämlich Staat und Religion] als voneinander trennbar, ja selbst als gleichgültig gegeneinander ansehen zu wollen. So ist das Verhältnis der Religion zum Staat so betrachtet worden, daß dieser für sich sonst schon und aus irgendeiner Macht und Gewalt existiere, und das Religiöse als das Subjektive der Individuen nur zu seiner Befestigung etwa als etwas Wünschenswertes hinzuzukommen hätte oder auch gleichgültig sei, und die Sittlichkeit des Staates, d. i. vernünftiges Recht und Verfassung für sich auf ihrem eigenen Grund feststehe"[30]. Ein „ungeheurer Irrtum" ist das, weil der Staat des Bewußtseins der absoluten Wahrheit, das nur die Religion geben kann, als Grundlage seiner Institutionen und der ihn tragenden Gesinnung bedarf. Das bedeutet gewiß nicht, daß der Staat noch einmal an die religiöse Autorität einer Kirche gebunden werden könnte oder dürfte[31]. Vielmehr hat die Kirche selbst mit dem Freiheitsgedanken der Reformation das Prinzip hervorgebracht, das den Staat gerade als christlichen Staat unabhängig von den besonderen Kirchen macht[32]. Doch diese Selbständigkeit des Staates als *allgemeiner* Boden der Realisierung der christlichen Freiheit gegenüber den „besonderen Kirchen" ist nicht zu verwechseln mit einer Trennung von Staat und Religion überhaupt, die nach Hegels Einsicht nur zur Auflösung des Staates führen könnte.

Zweifellos erfordert nun aber diese Selbständigkeit des sittlichen Staates gegenüber den besonderen Kirchen, wenn sie nicht im Sinne einer Trennung von Staat und Religion überhaupt verstanden werden soll, sondern als Wahrnehmung der vernünftigen *Allgemeingültigkeit* der christlichen Idee der Frei-

[29] Enzyklopädie § 542, p. 460 (Zusatz der 3. Ausg. 1830).

[30] Ebd. p. 456.

[31] Über die „Theokratie" hat Hegel geurteilt: „Da ist die Freiheit als subjektive, moralische Freiheit . . . gänzlich verloren" (Vorlesungen über die Geschichte der Philosophie I ed. Hoffmeister 200).

[32] Siehe Grundlinien der Philosophie des Rechts § 270, p. 232 f.

heit gegenüber der Partikularität der Konfessionskirchen, ein ihr entsprechendes *Bewußtsein* von dieser vernünftigen Allgemeinheit des Christentums. Man wird wohl nicht fehlgehen in der Annahme, daß Hegel darin die Funktion der *Philosphie* im modernen Staat gesucht hat. In diese Richtung weist, daß Hegel gegenüber dem Autoritätsprinzip der Kirchen der „Wissenschaft" zusammen mit dem sittlichen Staat die Form der „Allgemeinheit des Gedankens", der „selbstbewußten, objektiven Vernünftigkeit" zuerkannte, die der Staat gegen die Subjektivität des bloßen Meinens „in Schutz zu nehmen" habe[33].

Teilt die Philosophie mit dem Staate die Form der Allgemeinheit des Gedankens, so bewahrt sie darin zugleich den substantiellen Inhalt der Religion, ihre Wahrheit, die Hegel von der zeitgenössischen Theologie preisgegeben sah. Die Theologie hat sich unter dem Druck der aufgeklärten Verstandeskritik auf die Subjektivität des Gefühls zurückgezogen und allen Inhalt der Kritik überlassen[34]. Dieser Schrumpfung der Religion auf die Subjektivität entspricht der „Atheismus der sittlichen Welt", den Hegel in der Vorrede zu seiner Rechtsphilosophie beklagt hat. Der Rückzug in die fromme Innerlichkeit überläßt zugleich mit dem Verzicht auf das Feld der objektiven Wahrheit auch die gesellschaftlichen Einrichtungen der Gottlosigkeit. Hegel hat den Zusammenhang dieses Rückzuges vor der Aufklärung auf die fromme Innerlichkeit mit dem Pietismus erkannt und die in der pietistischen Frömmigkeit hervortretende Eitelkeit der religiösen Subjektivität auf das schärfste bloßgestellt: Die tatsächliche Position dieser Frömmigkeit „diesseits des leeren Wesens Gottes" sei die „für sich frei und selbständig gewordene Endlichkeit, die sich abso-

[33] Ebd.

[34] So Hegel in seiner Vorrede zur 2. Aufl. seiner Enzyklopädie 1827, 14 f.; ferner Vorlesungen über die Philosophie der Religion 15, 33: „so ist die Religion erkenntnislos geworden und in das einfache Gefühl, in das inhaltlose Erheben des Geistigen zu dem Ewigen zusammengeschrumpft, kann aber von dem Ewigen nichts aussagen, denn alles, was Erkennen wäre, wäre ein Herabziehen desselben in die Sphäre und in den Zusammenhang des Endlichen." Die Theologie hat „so wenig Inhalt wie möglich, hat mit den Dogmen reine Bahn gemacht und ist auf

lut gilt"[35]. Hegel wunderte sich, daß auf diesem Standpunkt „Gott selbst noch Objektivität zugeschrieben" werde, und er hat demgegenüber den Materialismus als konsequenter bezeichnet, der die bloße Subjektivität des frommen Gefühls beim Wort nimmt und daraus die Konsequenz des Atheismus zieht[36]. Das Aufkommen eines christlichen Atheismus in der Theologie selbst hätte Hegel daher nur als Bestätigung empfinden können, als Bestätigung auch seiner Verachtung für die Bereitschaft der Theologie, den Inhalt der Religion aufzugeben, um sich mit der Verstandeskritik zu arrangieren. Da schon zu seiner Zeit „die Grundlehren des Christentums größten Theils aus der Dogmatik verschwunden sind", konnte Hegel so den nur auf den ersten Blick befremdlichen Anspruch erheben: „Nicht allein, aber vornehmlich ist die Philosophie jetzt wesentlich orthodox; die Sätze, die immer gegolten, die Grundwahrheiten des Christenthums werden von ihr erhalten und aufbewahrt."[37] Die Philosophie nämlich vermag durch ihre Überwindung des abstrakten Verstandesdenkens die Religionskritik der Aufklärung in ihre Schranken zu weisen und die objektive Wahrheit des Christentums in einer Weise neu zu formulieren, die sich der Verstandeskritik der Aufklärung als überlegen erweist. Gegenüber der Kritik der Aufklärung kann die Wahrheit der Religion nur noch auf dem Felde der Allgemeinheit des Gedankens gerettet werden. Damit zugleich fällt es der Philosophie im Sinne Hegels zu, die Allgemeingültigkeit der christlichen Religion auch für den Staat zu formulieren. So kommt

ein Minimum reduziert worden" (Geschichte der Philosophie, Einleitung 198). So macht das Verstandesdenken der Aufklärung „das Gemüth, den Himmel und den erkennenden Geist leer und der religiöse Inhalt flüchtet sich dann in den Begriff" (Religionsphilosophie 16, 351 f.).

[35] Vorlesungen über die Philosophie der Religion 16, 346 f.

[36] Ebd. 15, 68: „Gott ist so ein historisches Produkt der Schwäche, der Furcht, der Freude oder eigennützigen Hoffnung oder Hab- und Herrschsucht. Was nur in meinem Gefühl wurzelt, ist nur für mich, das Meinige, aber nicht sein selbst, nicht selbständig an und für sich." Man müsse daher zeigen, „daß Gott nicht bloß das Gefühl zur Wurzel hat, nicht bloß *mein* Gott ist".

[37] Ebd. 16, 207.

in Hegels Perspektive der Philosophie in der durch die Aufklärung heraufgekommenen Situation des neuzeitlichen Geistes eine Aufgabe von weltgeschichtlichem Format zu. Dennoch hat Hegel in seinem Alter gesehen, daß die Philosophie für sich allein nicht wirksam den Anspruch vertreten kann, im Unterschied zu den partikularen Kirchen die Allgemeingültigkeit der christlichen Religion schlechthin zu verkörpern; denn die Versöhnung im philosophischen Gedanken ist ihrerseits „nur eine partielle ohne äußere Allgemeinheit"[38], weil beschränkt auf den esoterischen Kreis der Philosophierenden. Das Schicksal der Hegelschen Philosophie selbst ist dazu angetan, dieser Bemerkung verstärkten Nachdruck zu verleihen; denn der Philosophie geht äußere Allgemeinheit offensichtlich sogar im Kreis der Philosophierenden ab. Demgegenüber bildet die Religion durch ihre institutionelle Bindung die Form, die — wie Hegel sagt — die absolute Wahrheit für alle Menschen ist. Inwieweit Hegel durch das Medium des philosophischen Gedankens sich dem Ziel seiner Jugend nähern konnte, dem Ziel einer Reform der Gesellschaft durch Reform der Religion, dies mußte sich daher nicht zuletzt daran entscheiden, wie das Verhältnis seiner Philosophie zur vorhandenen Religion und ihrem Selbstverständnis sich gestaltete.

2.

Man sollte meinen, daß die christliche Theologie Grund genug gehabt hätte, die Philosophie Hegels als Rettung aus ihrer bedrängten Lage zu begrüßen, als Befreiung von den Angriffen der Verstandeskritik auf die Substanz des christlichen Glaubens und von dem Zwang, ihre Zuflucht vor diesen Angriffen in einer inhaltslosen Innerlichkeit zu suchen. Wohl keiner der großen Denker der Neuzeit hat soviel wie Hegel getan, um die christliche Religion wieder auf ihren gegen die Aufklärung verlorenen Thron zu setzen, und das nicht nur von

[38] Ebd. 356.

Gnaden einer anderen Macht wie Kant, sondern aus eigenem Recht der Religion und der christlichen Offenbarung selbst. Es hat ganz offensichtlich zu den großen Enttäuschungen Hegels gehört, daß die Theologie, von Ausnahmen abgesehen, auf diese ihr durch sein Denken gebotene Chance nicht einging, sondern die Zuflucht der frommen Innerlichkeit, in die sie sich vor den Angriffen der Aufklärung geflüchtet hatte, für das gelobte Land selber zu halten schien, statt das Feld der allgemeinen Wahrheit wieder in Besitz zu nehmen, auf dem allein der Gottesgedanke dauerhaft bestehen kann. Im Vorwort zur dritten Ausgabe der Enzyklopädie 1830 spricht Hegel mit spürbarer Bitterkeit von diesem Arrangement der Religiosität mit ihren entschiedensten Feinden und sieht mit Schmerz, wie dadurch sein eigener philosophischer Einsatz funktionslos wird: „Indem aus dem größten und unbedingten Interesse der menschlichen Natur der tiefe und reiche Inhalt verkommen und die Religiosität, gemeinschaftlich die fromme und die reflektierende, dazu gekommen ist, die höchste Befriedigung ohne Inhalt zu finden, so ist die Philosophie ein zufälliges, subjektives Bedürfnis geworden. Jene unbedingten Interessen sind bei beiden Arten von Religiosität, und zwar von nichts anderem als von dem Räsonnement, so eingerichtet worden, daß es der Philosophie nicht mehr bedarf, um jenen Interessen Genüge zu leisten; ja sie wird, und zwar mit Recht, dafür gehalten, jenem neuerschaffenen Genügen und solcher ins Enge gezogenen Befriedigung störend zu sein."[39]

Wie ist es zu erklären, daß die christliche Religion und Theologie Hegel mit so viel Mißtrauen und Zurückhaltung begegnet ist? Auch Karl Barth hat — freilich nicht ohne ironische Distanz zum 19. Jahrhundert im ganzen, dessen Perspektiven er theologisch überwunden zu haben glaubte, die verwunderte Frage gestellt: „Warum wurde Hegel für die protestantische

[39] Encyklopädie der Philosophischen Wissenschaften im Grundrisse ed. Hoffmeister p. 26. Wie die Fortsetzung des Textes zeigt, hängt der oft bemerkte und bemängelte Rückzug des alten Hegel auf die reine Wissenschaft und die esoterische Theorie auf das engste mit dieser Erfahrung zusammen.

Welt nicht etwas Ähnliches wie es Thomas von Aquino für die katholische geworden ist?"[40] Solche Fragen lassen selten erschöpfende Antworten zu. Auch hier muß die Aufzählung einiger Gesichtspunkte genügen.

Der wirksamste theologische Vorwurf gegen die Hegelsche Philosophie ist zweifellos die Verdächtigung ihres Gottesgedankens als *pantheistisch* gewesen. Diese Verdächtigung lag in der Luft wegen der engen Verbindung des jungen Hegel mit Schelling, der in seiner frühen Periode kein Hehl aus seinen Sympathien für den Spinozismus Lessings gemacht hat. Hegels energische Polemik gegen die abstrakte Entgegensetzung von Endlichem und Unendlichem und sein Begriff des wahrhaft Unendlichen, der das Endliche als „Moment" in sich schließt[41], konnten für ein oberflächliches Verständnis denselben Verdacht bestärken. Unter den ersten, die die Philosophie Hegels als pantheistisch klassifizierten, war der später sehr einflußreiche Erweckungstheologe Friedrich-August G. Tholuck (1799—1877), der schon 1823 in einem romantischen Traktat über „die Lehre von der Sünde und dem Versöhner" und sodann 1825 in seiner „Blüthenlese morgenländischer Mystik" die idealistische Philosophie mit der ihm von seiner orientalistischen Gelehrsamkeit her vertrauten pantheistischen Mystik des Islam verglich. Daß Hegel selbst sich in der Vorrede zur zweiten Ausgabe seiner Enzyklopädie (1827) mit namentlicher Bezugnahme gerade auf Tholuck gegen das Schlagwort des Pantheismus zur Wehr gesetzt und auch sonst wiederholt und ausdrücklich seine Philosophie gegen diese Etikettierung verteidigt hatte[42],

[40] K. Barth, Die protestantische Theologie im 19. Jahrhundert (1946) 2. Aufl. 1952, 343.

[41] Wissenschaft der Logik ed. G. Lasson Bd. I (PhB 56), 139. Zu einer ähnlichen Wendung in den geschichtsphilosophischen Vorlesungen (Reclam 414) bemerkt W. Lütgert (Die Religion des deutschen Idealismus und ihr Ende III, 1925, 93): „Das ist deutlich genug" – nämlich als Bestätigung des Verdachtes auf Pantheismus. Daß in dem Zitat der trinitarische und der Weltprozeß von Hegel sorgfältig unterschieden werden, ist der Aufmerksamkeit Lütgerts entgangen.

[42] Enzyklopädie (2. u. 3. Ausg.) § 573, Vorlesungen über die Philosophie der Religion I, Werke 15, 109 ff.

konnte nicht verhindern, daß sich das Vorurteil, die Philosophie Hegels sei phantheistisch, hartnäckig erhielt. So meint Wilhelm Lütgert 1925 im dritten Band seines viel benutzten Werkes über „Die Religion des deutschen Idealismus und ihr Ende" zu Hegels Kontroverse mit Tholuck: „Nie hat er den Vorwurf des Pantheismus, der ihm gemacht wurde, ernsthaft gewürdigt und wirklich verstanden. Er wies ihn in dem alleräußerlichsten Sinn des Wortes zurück." (92) Als Indiz für Hegels Pantheismus genügte Lütgert die Feststellung, daß Hegels beherrschendes Interesse „in der Überwindung des Glaubens an einen jenseitigen überweltlichen Gott" gelegen habe. Daß sich der Pantheismusverdacht derart zum Vorurteil verfestigen konnte, erklärt sich weitgehend dadurch, daß die Hegelsche Linke sich seit D. F. Strauß, wenn sie den Gottesgedanken nicht überhaupt ablehnte, mehr oder weniger offen zum Pantheismus bekannte[43]. Das haben die theologischen Gegner des Hegelianismus ebenso wie der spekulative Theismus als Bestätigung ihres Verdachtes gegen Hegel genommen. Nimmt man hinzu, daß auch Dilthey Hegel im Sinne eines „mystischen Pantheismus" gedeutet hat[44], dem seine eigenen Sympathien entgegenkamen, so nimmt es nicht wunder, daß sich dieses Vorurteil trotz des energischen Widerspruchs von Hegelkennern wie Th. Haering[45] bis in die Gegenwart erhalten hat[46]. Dabei wird das Mißverständnis kaum gebessert, wenn man vorsichtiger von „Panentheismus"[47] spricht. Auch der Begriff eines Panentheismus nämlich legt die Vorstellung eines Enthaltenseins der endlichen Dinge in Gott nahe. Doch wenn Hegel — was er selbst als mißverständlich erkannt hat[48], — gelegentlich von einer

[43] D. F. Strauß, Die christliche Glaubenslehre I, 1840, 496 und 512; der Sache nach weisen schon die Ausführungen in der Schlußabhandlung des Leben Jesu II, 1836, 734 f. in diese Richtung.

[44] W. Dilthey, Die Jugendgeschichte Hegels, in: Gesammelte Werke IV, 1921, bes. 36 ff. 51 ff.

[45] Th. Haering, Hegel I, 1929, 463–465 und 547 ff.

[46] Siehe dazu die Übersicht bei I. Iljin, Hegels Philosophie als kontemplative Gotteslehre, 1946, 402 f.

[47] So H. Küng, Menschwerdung Gottes, 1970, 170 f. 339 ff.

[48] Hegel nennt es schon in der Phänomenologie des Geistes „eine un-

Einheit oder Identität des Endlichen mit dem Unendlichen oder Absoluten spricht[49], dann handelt es sich stets um *negative* Einheit, — um eine Identität, die durch Negation und Aufhebung des Endlichen vermittelt ist[50] und daher nicht angemessen als ein Enthaltensein aufgefaßt werden kann. Eher kann sich da schon die entgegengesetzte Deutung auf Hegel berufen, die ihm die Position eines Akosmismus zuschreibt, derzufolge das Endliche in Wahrheit nichts und Gott alles ist. Für einen „Pantheismus" in diesem Sinne, in dem das göttliche Alles durch das Nichts des Endlichen vermittelt ist, läßt sich beispielsweise eine Passage der „Logik" anführen, in der Hegel sich gegen die gewöhnliche Form der Gottesbeweise wendet: „Im gewöhnlichen Schließen erscheint das Sein des Endlichen als Grund des Absoluten; darum weil Endliches *ist*, ist das Absolute. Die Wahrheit aber ist, daß darum weil das Endliche der an sich selbst widersprechende Gegensatz, weil es *nicht ist*, das Absolute ist. . . . Das *Nichtsein* des Endlichen ist das Sein des Absoluten."[51] Es ist verständlich, daß man angesichts solcher Sätze geurteilt hat: „Für ein endliches Leben, welches sich in reiner ungestörter Harmonie mit Gott und mit sich

geistige Weise sich auszudrücken", wenn man sagt, es sei „an sich . . . das göttliche Wesen dasselbe, was die Natur in ihrem ganzen Umfange", und solche Ausdrucksweise müsse, „notwendig Mißverständnisse erwekken" (542; vgl. dazu die Unterscheidungen 171 zwischen dem, was das unglückliche Bewußtsein *an sich* und was für es ist, entsprechend 386 f. 525 f.). Entsprechend wendet sich Hegel in seiner Enzyklopädie (§ 573, p. 486 ff.) gegen die Mißdeutung seines Begriffs der Identität. Siehe auch Vorlesungen über die Philosophie der Religion I, Werke 15, 111 ff.

49 So in seinen frühen Schriften über die Differenz des Fichteschen und Schellingschen Systems der Philosophie (PhB 62a) 90 und über Glauben und Wissen (PhB 62b) 12. Siehe auch Phänomenologie des Geistes 538. Einige Seiten weiter heißt es dort, „an sich" seien die göttliche und die menschliche Natur „nicht getrennt" (541). Ähnlich 529: „Die göttliche Natur ist dasselbe, was die menschliche ist, und diese Einheit ist es, die angeschaut wird" (sc. in der Menschwerdung des göttlichen Wesens). Vgl. auch Logik I, 133 (aber auch ebd. 138), sowie Vorlesungen über die Philosophie der Religion I, Werke 15, 87 und 121.

50 Siehe dazu Logik I, 132, Vorlesungen über die Philosophie der Religion, Werke 15, 82, 227, vgl. 210; Werke 16, 280 f., vgl. 283, 286, 222.

51 Wissenschaft der Logik II, 62.

selbst entfaltet, ist in diesem System einmal kein Raum . . ."[52] Hegel wäre dann im Sinne der von ihm selbst Spinoza zugeschriebenen Auffassung eines Akosmismus zu verstehen[53]. Dabei wird aber übersehen, daß schon die Phänomenologie des Geistes sich ausdrücklich gegen den Gedanken gewendet hat, daß „die Natur getrennt vom göttlichen Wesen nur das Nichts" sei[54]. Im Unterschied zu Spinoza kommt in Hegels Philosophie des Subjektes das Absolute in seinem *Anderssein* zu sich selbst, und die Welt entspringt aus dem freien Entschluß der Idee zu ihrem Anderssein, das dabei als solches zu seinem Recht kommt[55].

Die Deutung der Gottesidee Hegels als pantheistisch ist seit D. F. Strauß davon ausgegangen, daß in der spekulativen Trinitätslehre Hegels wie bei Schelling „der Sohn nicht ein überweltliches, jenseitiges Wesen, sondern eben nur die Welt oder das endliche Bewußtsein selbst sein kann"[56]. Doch dieser Meinung stehen eindeutige Aussagen Hegels entgegen, die unterscheiden zwischen dem innergöttlichen Gegenüber als einem „Spiel der Liebe mit sich selbst, worin es nicht zur Ernsthaftigkeit des Andersseyns kommt, zur Trennung und Entzweiung", und der Freisetzung dieses Andersseins als eines selbständigen Elementes, als Welt, worin „der Unterschied sein Recht erhält, das Recht der Verschiedenheit"[57]. Die Unterscheidung zwischen der immanenten Trinität, also dem Hervorgang des Soh-

[52] J. Müller, Die christliche Lehre von der Sünde (1838, 3. Aufl. 1849, I, 549).

[53] Iljin a.a.O. 194 ff. deutet Hegels Philosophie in diesem Sinne als „Pantheismus" der alleinigen Realität Gottes (vgl. Vorrede zur 2. Ausg. der Enzyklopädie p. 12, sowie ebd. § 50 Anm.).

[54] Phänomenologie des Geistes ed. Hoffmeister (PhB 114) 541 ff.

[55] Enzyklopädie § 244.

[56] D. F. Strauß, Die christliche Glaubenslehre I, 1840, 490. Mit dieser Formulierung beschreibt Strauß die Auffassung des frühen Schelling, fährt dann aber fort, daß diejenige Hegels „übereinstimmend hiermit" sei.

[57] Vorlesungen über die Philosophie der Religion II, Werke 16, 250. Im Anschluß weist Hegel es ausdrücklich als „unrichtige Auffassung" zurück, „als ob der ewige Sohn des Vaters, der sich selbst gegenständlich seyenden Göttlichkeit, dasselbe sey als die Welt und unter jenem nur diese zu verstehen sey" (251 f.).

nes aus dem Vater, und der Schöpfung der Welt findet sich bei Hegel auch nicht etwa erst in den religionsphilosophischen Vorlesungen, denen Strauß „übergroße Nachgiebigkeit gegen die religiöse Vorstellung" nachgesagt hat[58], sondern schon in der Phänomenologie des Geistes, die Strauß als Hegels „Fundamentalschrift" bezeichnete[59]. Wer diese ausdrücklichen Differenzierungen Hegels berücksichtigt, der kann nicht bestreiten, daß Hegel die innertrinitarische Bewegung Gottes und den Weltprozeß unterschieden hat. Der einzige Vorwurf, den man an diesem Punkte mit Recht gegen Hegel erheben kann, ist, daß bei ihm das innere Leben des trinitarischen Gottes mit *logischer Notwendigkeit* zur Hervorbringung der Welt führt, mit der Notwendigkeit nämlich, derzufolge das in Gott gesetzte Anderssein sein Recht, nämlich das Recht der Verschiedenheit erhalten muß. Wer in diesem Zusammenhang bei Hegel die Freiheit der göttlichen Schöpfungstat vermißt, der wird allerdings beachten müssen, daß für Hegel Freiheit und Notwendigkeit einander nicht ausschließen[60], und er wird Hegel nicht unterstellen dürfen, die Welt in neuplatonischer Weise als Emanation aus dem Wesen Gottes gedacht zu haben; denn Hegel hat den Begriff der Schöpfung durchaus von dem eines bloßen Hervorgehens unterschieden, und dieser Unterschied ist nach Hegel darin begründet, daß Gott als Subjekt gedacht wird, wie

[58] D. F. Strauß, Die christliche Glaubenslehre I, 1840, 493.

[59] Ebd. 512. – In seiner Schrift über die „Differenz des Fichteschen und Schellingschen Systems der Philosophie (1801) scheint Hegel diese Unterscheidung zwischen trinitarischem Prozeß und Weltprozeß noch nicht vollzogen zu haben; das läßt sich allerdings nur indirekt erschließen aus Hegels Satz, die ursprüngliche Identität des sich in Raum und Zeit ausbreitenden und des sich aus dieser Äußerlichkeit wieder in sich zurücknehmenden Absoluten „muß beides vereinigen in die Anschauung des sich selbst in vollendeter Totalität objektiv werdenden Absoluten – in die Anschauung der ewigen (!) Menschwerdung Gottes, des Zeugens des Worts vom Anfang" (PhB 62a, 90). Die trinitarische Zeugung des Sohnes und die Menschwerdung scheinen hier tatsächlich noch in eins zu fallen.

[60] Wissenschaft der Logik ed. Lasson Bd. II (PhB 57) 183, vgl. 216, wo „die Freiheit die Wahrheit der Notwendigkeit" heißt, die ihre Gestalt im Begriff bzw. im Subjekt hat (218 f.). Ähnlich schon die Differenzschrift PhB 62a, 86 f.

es schon in der israelitischen Religion der Fall war[61]. Aus einem als Subjekt gedachten Absoluten kann die Welt nicht einfach hervorgehen; die absolute Idee kann auch nicht lediglich als für die Reflexion in die Naturwelt *übergehend* gedacht werden, sondern nur als eine natürliche Welt frei hervorbringend. Die oft als Verlegenheitsauskunft und Mystifikation aufgefaßte Wendung, mit der Hegel in seiner Enzyklopädie von der Logik zur Naturphilosophie überleitet, folgt konsequent aus der Auffassung des Absoluten als Subjekt: „Die absolute Freiheit der Idee aber ist, daß sie nicht bloß ins Leben *übergeht*, noch als endliches Erkennen dasselbe in sich *scheinen* läßt, sondern in der absoluten Wahrheit ihrer selbst sich *entschließt*, das Moment ihrer Besonderheit oder des ersten Bestimmens und Andersseins, die *unmittelbare Idee* als ihren Widerschein, sich als Natur frei aus sich zu entlassen."[62] Hegel verdeckt hier nicht, wie man gemeint hat, notdürftig und gewaltsam den Bruch zwischen den bloßen Gedankenbestimmungen der Logik und der Konkretheit einer materiell bestehenden Natur[63], sondern es zeigt sich hier, daß Hegels Logik des Begriffs in allem Ernst als Logik des Subjekts und zwar des absoluten Subjekts, Gottes, gelesen sein will. Es ist daher schwer verständlich, wie man bei Hegel den Gedanken der Persönlichkeit Gottes vermissen konnte. Hat Hegel doch, nachdem er in der Vorrede zur Phänomenologie des Geistes erklärt hatte, es komme „alles darauf an, das Wahre nicht nur als Substanz, sondern eben so sehr als Subjekt aufzufassen und auszudrücken"[64], in seiner Logik die Persönlichkeit ausdrücklich als logisches Moment des Subjektseins herausgestellt, sofern nämlich der kon-

[61] Vorlesungen über die Philosophie der Religion II, Werke 16, 52.

[62] Enzyklopädie § 244. Das Sichentschließen der Idee wird hier als die der Logik des Subjekts eigentümliche Form des logischen Fortgangs gekennzeichnet, indem es unterschieden wird vom äußerlichen *Übergehen* von einer Bestimmung zur anderen, wie es für die Logik des Seins charakteristisch ist, und vom *Scheinen* einer Bestimmung in das ihr zugehörige andere, wie es die Wesenslogik charakterisiert.

[63] So Marx schon in den philosophisch-ökonomischen Manuskripten von 1844 (MEGA Erg.band I, Berlin 1968, 585 f.).

[64] Phänomenologie des Geistes ed. Hoffmeister 19 ff.

krete Begriff oder das Ich wesentlich einzelnes ist[65]. Entsprechend hat Hegel in der Berliner Einleitung zur Geschichte der Philosophie von der „Bestimmung der Subjektivität der höchsten Idee, der Persönlichkeit Gottes" gesagt, sie sei gegenüber dem Gottesgedanken der Griechen „ein viel reicherer" Begriff[66]. In seinen religionsphilosophischen Vorlesungen hat Hegel auch die trinitarische Dreipersönlichkeit Gottes als Moment der Gottesidee gewürdigt[67], freilich auch nur als Moment: Hier wie auch sonst wird zugleich der abstrakte Charakter der Personalität betont, sofern sie „ein Starres, Sprödes, Selbständiges, Fürsichseyn" ist. So erscheint auch in der Rechtsphilosophie die Persönlichkeit als Kategorie des abstrakten Rechts, als das Selbstbewußtsein, das das Subjekt „von sich als vollkommen abstraktem Ich" hat[68]. Die Wahrheit der Person liegt jedoch nicht in dieser ihrer abstrakten Vereinzelung, sondern: „Es ist der Charakter der Person, des Subjektes vielmehr, seine Isolierung, Abgesondertheit aufzuheben ... In der Freundschaft, Liebe, gebe ich meine abstrakte Persönlichkeit auf und gewinne sie dadurch, die concrete."[69] Je nachdem ob die Persönlichkeit in diesem Sinne als abstrakte oder als konkrete gefaßt wird, gilt sie Hegel als „verschwindendes Moment in der göttlichen Idee" (ebd.) — sowohl in ihren innertrinitarischen Bezügen als auch im Verhältnis des absoluten Subjektes zur Welt — oder als deren wahre Gestalt. Von der abstrakten Persönlichkeit heißt es schon im „Geist des Christentums und sein Schicksal", Jesus hebe trotz der Absonderung seiner Persönlichkeit gegen den jüdischen Charakter doch „alle göttliche Persönlichkeit, göttliche Individualität gegen seine Freunde auf, mit denen er nur Eins sein will, die in ihm Eins sein sollen"[70]. Auch der späte

[65] Wissenschaft der Logik ed. Lasson II, 220 f., vgl. 484 und 502.

[66] System und Geschichte der Philosophie, ed. Hoffmeister (PhB 15a) 1944, 67.

[67] Vorlesungen über die Philosophie der Religion II, Werke 16, 238 f.

[68] Grundlinien der Philosophie des Rechts § 35.

[69] Vorlesungen über die Philosophie der Religion II, Werke 16, 239; vgl. Wissenschaft der Logik II, 484.

[70] Theologische Jugendschriften ed. H. Nohl 315.

Hegel kann von dieser abstrakten Persönlichkeit noch sagen: „In der göttlichen Idee ist die Persönlichkeit als aufgelöst gesetzt"[71], sofern nämlich die abstrakte Selbstidentität überwunden ist im Prozeß des göttlichen Lebens. Damit läßt Hegel der von Spinoza und Fichte geübten Kritik am Gedanken der Persönlichkeit Gottes als einer der Unendlichkeit unangemessenen Kategorie Gerechtigkeit widerfahren. Andererseits jedoch überwindet er diese Kritik durch den Gedanken, daß es die Wahrheit der Persönlichkeit sei, „sie (!) durch dieß Versenken, Versenktseyn in das Andere zu gewinnen"[72]. In diesem Sinne wird man auch die Wendung der Berliner Einleitung zur Geschichte der Philosophie vom Reichtum des Gedankens der Persönlichkeit Gottes verstehen müssen (s. o. Anm. 66) und vielleicht auch die Randbemerkung zu § 35 der Rechtsphilosophie, die die Persönlichkeit als „Höchstes" bezeichnet – im Gegensatz zu dem im Paragraphen selbst herausgestellten abstrakten Charakter der Persönlichkeit – und fortfährt: „Man mag an Gott glauben – bestimmen wie man will, fehlt Persönlichkeit, so nicht genügend."[73]

Der Umstand, daß Hegel die Persönlichkeit im Sinne der abstrakten Einzelheit als bloßes „verschwindendes Moment" der Gottesidee einschätzte und daß sein darüber hinausgehender Ansatz zu einem Begriff von konkreter Persönlichkeit demgegenüber leicht übersehen werden konnte, vermag nicht zu erklären, weshalb eigentlich die Meinung, Hegel habe die Persönlichkeit Gottes verneint, sich zum Vorurteil verdichtet hat. Wieder wie beim Pantheismusvorwurf traf sich in diesem Vorurteil die Kritik von rechts, vom philosophischen Theismus und von der Erweckungstheologie, mit der Deutung Hegels durch seine „linken" Schüler. So meinte D. F. Strauß, die Auffassung Hegels dahingehend zusammenfassen zu können: Nur „mittelst des durch dasselbe gesetzten Menschen, und in diesem, käme

[71] Werke 16, 239.

[72] Ebd.

[73] Grundlinien der Philosophie des Rechts ed. Hoffmeister 324; vgl. 416 zu § 151 – zum ganzen Thema vgl. auch Falk Wagner, Der Gedanke der Persönlichkeit Gottes bei Fichte und Hegel, 1971.

das Absolute zu Selbstbewußtsein und Persönlichkeit"[74]. Das ist eine Deutung, die — so einflußreich sie geworden ist — sich nicht auf Hegels eigene Formulierungen stützen kann. Ihre Voraussetzung liegt in einer anderen Fehlinterpretation von Strauß, nämlich in dessen Verkennung der Hegelschen Unterscheidung zwischen trinitarischem Prozeß und Weltprozeß: Wäre wirklich, wie Strauß meint, der ewige Sohn für Hegel identisch mit dem Weltprozeß, dann allerdings wären die Sätze der religionsphilosophischen Vorlesungen über die innertrinitarischen Personbeziehungen auf das Verhältnis des absoluten Subjekts zum Weltprozeß zu übertragen, und man könnte mit Strauß den Schluß ziehen, daß das absolute Subjekt erst in den menschlichen Subjekten zu Selbstbewußtsein und Persönlichkeit gelangt. Ist hingegen das innergöttliche Leben vom Weltprozeß zu unterscheiden, dann ist das Absolute bei Hegel schon in sich selbst als Person und als Subjekt gedacht. Dennoch bleibt an dieser Stelle eine unaufhebbare Zweideutigkeit bestehen, weil der Unterschied des Absoluten von der Welt als Inbegriff des Endlichen für Hegel nicht das letzte Wort sein kann. Das wahrhaft Unendliche darf nicht nur als Gegensatz zum Endlichen gedacht werden; es muß zugleich über diesen Gegensatz hinweggreifen, die Einheit seiner selbst und seines anderen sein. Bei Hegel erscheint das in der Form des schon berührten Gedankens, daß die Hervorbringung der Welt mit Notwendigkeit zum Wesen des Absoluten gehört. Dann aber drängt sich die Folgerung als unabweisbar auf, daß das Absolute erst durch Hervorbringung der Welt zu seinem eigenen Wesen als absolutes Subjekt findet. Zwar wäre auch so noch nicht, wie Strauß meinte, Selbstbewußtsein und Persönlichkeit des Absoluten identisch mit dem des Menschen. Wohl aber realisierte das Absolute erst in der Hervorbringung der Welt und des Menschen und ihm gegenüber sich selbst als Subjekt.

Der Gedanke, daß Gott die Welt notwendig hervorbringe, daß also — mit Hegels eigenen Worten — das „Setzen der Natur

[74] D. F. Strauß, Die christliche Glaubenslehre I, 1840, 521.

... notwendig in den Begriff des geistigen Lebens" falle[75], ist nicht ohne tieferen Grund zu einem Hauptanstoß für die christliche Theologie geworden. Er dürfte wohl überhaupt allen anderen theologischen Vorwürfen gegen Hegels Philosophie zugrundeliegen. Die gegenüber dem Text Hegels unhaltbaren Mißdeutungen seiner Philosophie des Absoluten als Pantheismus und Leugnung der Persönlichkeit Gottes lassen sich nur verstehen als Hegel aufgebürdete vermeintliche Konsequenzen dieses einen Sachverhalts, der Notwendigkeit der Setzung der Welt aus dem göttlichen Wesen. Tholucks philosophisch gebildeterer und differenzierter denkender Freund, der Hallenser Dogmatiker Julius Müller, erblickte hier den eigentlichen Pferdefuß der Hegelschen Philosophie, nämlich „darin, daß von diesem System das Wesen des Geistes einseitig als *Denken*, dieses Denken aber als notwendiger Prozeß aufgefaßt wird"[76]. Dadurch werde „die Welt zur Selbstverwirklichung Gottes ..., die sittlichen Bestimmungen des menschlichen Lebens zu Momenten in dem Prozesse derselben"[77], und die letzte Konsequenz dieser Auffassung sei es, das Böse „als integrierendes Moment der Idee selbst anzuerkennen"[78]. In diesem letzten Punkt stellte Müller allerdings ein Schwanken in Hegels Aussagen fest. Müller wußte auch noch, daß Hegel zwischen der immanenten Selbstunterscheidung Gottes und der Verselbständigung der Momente derselben im Weltprozeß unterschied[79], doch die behauptete Notwendigkeit des Fortgangs vom Absoluten zur Selbständigkeit des Momentes der Andersheit und also zur Welt gab für ihn den Ausschlag dahin, daß die Welt dennoch als notwendiges Moment der Selbstverwirk-

[75] Vorlesungen über die Philosophie der Religion II, Werke 16, 51.

[76] J. Müller, Die christliche Lehre von der Sünde (1838) 3. Aufl. 1849, I, 552.

[77] Ebd. 169, vgl. Bd. II 195: „Verwirklichung durch Selbstverendlichung."

[78] Ebd. I 552, vgl. 540 f. Müller scheint insbesondere § 139 der Rechtsphilosophie vor Augen zu haben, wenn er 554 sagt, wo Hegel den Begriff des Bösen ausdrücklich behandle, schreibe er ihm „mit dürren Worten Nothwendigkeit zu". Siehe aber auch Vorlesungen über die Philosophie der Religion II, Werke 16, 259 f., 270.

lichung Gottes aufzufassen und die Hegeldeutung von Strauß also zumindest in der Tendenz berechtigt sei. In diesem Sinne spricht auch Müller von einem „logischen Pantheismus" Hegels[80] und urteilt, das so gedachte Absolute sei „nur das nothwendige Princip der Welt, welches durch den Weltprozeß sich seine Absolutheit vermittelt, die absolute Welteinheit"[81]. Mit einem solchen Begriff des Absoluten aber könne „weder die Erkenntnis Gottes als des Persönlichen noch überhaupt irgendeine Erkenntnis Gottes zusammenbestehen"[82]. Aus der von Hegel behaupteten logischen Notwendigkeit der Hervorbringung der Welt und der Entstehung des Bösen als der sich selbst behauptenden Endlichkeit wird also *gefolgert,* daß dann ungeachtet aller von Hegel vorgenommenen Differenzierungen die Welt zum Prozeß der Selbstverwirklichung Gottes gehören müsse, Hegels System also pantheistisch sei und daher weder der göttlichen Persönlichkeit, der Freiheit Gottes gegenüber der Welt, noch auch der Persönlichkeit und Freiheit des Menschen gerecht werden könne; denn beides müsse untergehen in der logischen Notwendigkeit, die hier die göttliche Idee in den Weltprozeß und diesen wieder in Gott übergehen lasse. Im wesentlichen dieselben Thesen, daß Pantheismus, Eliminierung des freien Selbstbewußtseins und der Persönlichkeit Gottes, sowie der Freiheit des Menschen und damit auch der Sünde untrennbar zusammengehören, hatte Tholuck schon 1823 ausgesprochen[83]. Müller hat sie jedoch auf die Gott und Welt verbindende logische Notwendigkeit zurückgeführt[84] und als Konsequenzen dieser Grundthese, auch entgegen ausdrücklichen Stellungnahmen Hegels, gekennzeichnet. Daher wird bei Müller deutlich, daß es sich bei jenen

79 Müller I, 541.

80 Ebd. II, 241.

81 Ebd. I, 6.

82 II, 159, vgl. I, 169.

83 A. G. Tholuck, Guido und Julius, Die Lehre von der Sünde und vom Versöhner oder Die wahre Weihe des Zweiflers, 1823, 260 ff., vgl. 231.

84 Ähnlich urteilte später R. Haym, Hegel und seine Zeit (1857), 411.

Vorwürfen weniger um Folgen von einzelnen Mißverständnissen handelt, die durch bestimmte Wendungen Hegels veranlaßt wären, sondern vielmehr um eine in sich zusammenhängende polemische Konstruktion, die ihren Ausgangspunkt hat in der von Hegel behaupteten Notwendigkeit der Hervorbringung der Welt durch Gott und die Hegel ungeachtet seiner eigenen Äußerungen die wirklichen oder vermeintlichen Konsequenzen aus dieser These zur Last legt. Berücksichtigt man nicht diesen Charakter der gegen Hegel erhobenen Vorwürfe als einer polemischen Konstruktion und Konsequenzmacherei, dann kann man sich nur noch über die krasse Ignoranz wundern, mit der etwa W. Lütgert urteilte, daß Hegel „mit den einfachsten Äußerungen der Frömmigkeit, mit jedem Vater Unser in Konflikt kam und sich niemals ernsthaft bemühte zu verstehen, warum das Gebet der Christenheit mit den Worten beginnt: ‚Vater unser, der du bist im Himmel'. Sein Gott blieb Gedanke, Idee, Vernunft, aber er war nicht Wille und darum doch nicht Person und erst recht nicht Geist"[85].

Angesichts solcher offenkundig abwegigen Konsequenzmacherei erhebt sich die Frage, ob die theologischen Kritiker Hegels nicht besser daran getan hätten, umgekehrt den Bedingungen der von Hegel selbst behaupteten Freiheit und Subjektivität des Absoluten nachzugehen. Wie verhält sich diese zu der Notwendigkeit, mit der das Setzen der Natur nach Hegel in den Begriff des geistigen Lebens fällt? Versteht man Notwendigkeit im Sinne von Hegels Begriff der absoluten Notwendigkeit, so kann es sich bei jenem Setzen der Natur nicht um äußerlich auferlegte Nötigung handeln. In Hegels Logik hat die Kategorie der Notwendigkeit ihren Ort in dem Abschnitt, der den Begriff der Wirklichkeit behandelt, und das absolut Notwendige ist nichts anderes als das Wirkliche selbst in seiner Absolutheit: „Das schlechthin Notwendige ist nur, weil es ist; es hat sonst keine Bedingung noch Grund."[86] In

[85] W. Lütgert, Die Religion des deutschen Idealismus und ihr Ende, III, 1925, 92.

[86] Wissenschaft der Logik II, 182.

dieser Einfachheit seines Seins ist es eins mit dem Zufälligen. „Aber diese Zufälligkeit ist vielmehr die absolute [d. h. die durch nichts außer ihr selbst bedingte] Notwendigkeit."[87] In solcher Selbstidentität ist das Wirkliche Substanz. Aber dabei hat es „die innere Identität"[88], die seine absolute Notwendigkeit ausmacht, nicht in sich selbst, sofern es von anderen Substanzen verschieden ist, sondern in seiner Einheit mit dem anderen, von dem es sich unterscheidet: Hier treten Zufälligkeit und Notwendigkeit noch einmal auseinander; denn die verschiedenen Substanzen erscheinen in ihrer einfachen Wirklichkeit für sich als zufällig und haben ihre Notwendigkeit, die ihnen als Substanzen doch innerlich eigen ist, erst in der sie untereinander verbindenden Identität. Diese Einheit ist die Wahrheit und Macht der Kausalverhältnisse zwischen den Substanzen, und ihre „Enthüllung" ist der Wendepunkt von der Notwendigkeit zur Freiheit[89]. Die Selbstidentität des Wirklichen, die seine absolute Notwendigkeit ausmacht, übergreift also die vereinzelten und insofern endlichen Substanzen: Sie ist ihr Allgemeines, das doch nur als Bestimmtes und Einzelnes existiert[90] — d. h. aber: sie ist Subjekt als existierender Begriff.

Die *göttliche* Freiheit ist mit alledem nun allerdings noch nicht im Blick und so auch nicht die Frage, ob und wie ihr Wir-

[87] Ebd. 183. Dieser Begriff des absolut Notwendigen muß von dem des Absoluten als ens necessarium im Gegensatz zur Unselbständigkeit und in diesem Sinne Kontingenz der Weltdinge her verstanden und so von aller äußerlich auferlegten Notwendigkeit unterschieden werden, die Hegel. vielmehr vom Gedanken des absolut Notwendigen her neu zu fassen sucht. Vielleicht darf man hierbei an Luthers necessitas immutabilitatis erinnern, die jedenfalls bei Gott ebenfalls eins ist mit der höchsten Freiheit.

[88] Ebd. 203.

[89] Ebd. 204: „Die Notwendigkeit wird nicht dadurch zur *Freiheit*, daß sie verschwindet, sondern daß nur ihre noch *innere* Identität *manifestiert* wird . . . umgekehrt wird zugleich dadurch die *Zufälligkeit* zur Freiheit, indem die Seiten der Notwendigkeit, welche die Gestalt für sich freier, nicht ineinander scheinender Wirklichkeiten haben, nunmehr *gesetzt sind als Identität*, so daß diese Totalitäten der Reflexion-in-sich in ihrem Unterschiede nun auch *als identische scheinen . . .*"

[90] Ebd. 204 f.

ken aus einer Notwendigkeit des geistigen Lebens Gottes zu denken ist. Jene Identität nämlich, die als das die endlichen Substanzen verbindende Allgemeine faßbar wird und in der diese zu ihrer Notwendigkeit und Freiheit finden, kann nicht identisch sein mit der Freiheit, aus der endliche Substanzen allererst entspringen. Diese schöpferische Freiheit geht daher auch nicht hervor aus einer wie auch immer konkret gedachten, Besonderes und Einzelnes umgreifenden Allgemeinheit des Begriffs, sondern umgekehrt macht sich erst durch die Hervorbringung einer Vielfalt von Endlichem die schöpferische Freiheit Gottes zum letzten Horizont des die endlichen „Substanzen" verbindenden Allgemeinen. So ist sie als Freiheit zugleich Liebe, und so erwirbt sie sich selbst ihr geschichtliches Wesen, die Bestimmtheit göttlicher Eigenschaften, die erst aus den Akten der absoluten Freiheit erwachsen. Bei Hegel dagegen wird die göttliche Freiheit festgelegt auf die Logizität des Begriffs, seiner vorgegebenen Zuordnung von Allgemeinem, Besonderem und Einzelnem. Sie wird als die Identität des Begriffs selbst gedacht, statt daß umgekehrt Identität aus dem Vollzug schöpferischer Freiheit und damit in ihrer Zufälligkeit gedacht würde. Hegel hat den Begriff, genauer das „wahrhafte, unendlich Allgemeine", als „schöpferische Macht" verstanden, die sich in ihre eigenen Momente unterscheide und bestimme, dadurch sich selbst realisiere[91]. Aber sind Begriff und Subjekt wirklich identisch? Hegel hier zu widersprechen, ohne in Gedankenlosigkeiten zu verfallen, ist freilich nicht so leicht; denn wie soll das Subjekt der Freiheit *gedacht* werden, wenn es nicht selbst Begriff ist? Die subjektive Freiheit kann nur dann sinnvoll vom Begriff abgehoben werden, — was doch nur im Denken geschehen kann, — wenn der Begriff nicht die höchste Form des Gedankens ist. Außerdem trifft der Widerspruch an dieser Stelle nicht nur Hegel, sondern auch die traditionelle Gotteslehre der Theologen. Solange nämlich die Freiheit Gottes als Vermögen eines göttlichen Wesens gedacht wird, das zwar als frei behauptet wird, aber dem Akt der Freiheit schon zu-

[91] Wissenschaft der Logik II, 244 f.

grunde liegen soll, solange erscheint der Akt der Freiheit Gottes entweder als ein äußerlich zu seinem Wesen Hinzukommendes oder aber als Ausdruck dieses Wesens selbst, seiner Macht, und somit als Manifestation seiner Selbstidentität, also der in ihm liegenden Notwendigkeit. Die traditionelle theologische Gotteslehre kennt keinen Ausweg aus diesem Dilemma. Hegel teilt mit ihr die Annahme eines dem Akt der göttlichen Freiheit schon vorgegebenen absoluten Wesens. Es geht als „freie Macht" des Allgemeinen[92] dem Akt der Freiheit selbst voraus. Hegel folgte hier der theologischen Tradition ebenso wie bei seiner Herleitung der Trinität aus dem Geistbegriff, mit der schon Anselm von Canterbury ihm vorangegangen war. Daß Hegel die theologische Gotteslehre strenger beim Wort nahm als sie selbst das zu tun pflegte, indem er die Freiheit Gottes als Ausdruck seines vermeintlich ihr vorgegebenen Wesens zu denken suchte, nämlich als Manifestation dieses Wesens, daraus wird man ihm keinen Vorwurf machen dürfen. Wenn hier ein begründetes Unbehagen bleibt, so sollte es sich nicht in erster Linie auf Hegel richten, sondern auf die hier bestehende, auch bei ihm noch nicht behobene Aporie der traditionellen Gotteslehre überhaupt, die freilich in der gedanklichen Strenge Hegelscher Formulierungen auffälliger ist als anderswo. Hegel hat den abstrakten Dualismus im Gedanken eines allem Endlichen nur entgegengesetzten Gottes mit Recht als Verendlichung des Absoluten bekämpft. Der Verendlichung im Gedanken eines dem Akt der absoluten Freiheit als Vermögen und „Macht" dieser Freiheit zugrunde liegenden Wesensbegriffs, der die göttliche Wirklichkeit zu einem Vorhandenen herabsetzt, scheint er nicht durchschaut zu haben. Doch das kann ebensowenig von seinen Kritikern aus den Reihen des philosophischen Theismus und der Erweckungstheologie behauptet werden, die die Freiheit Gottes und des Menschen bei Hegel verkürzt fanden. Sie blieben bei der Gedankenlosigkeit der Annahme eines göttlichen Wesens und zu ihm noch hinzukommender Freiheitsakte stehen. Die einzige ernsthafte Alter-

[92] Ebd. 242.

native zu der von Hegel auf ihren Begriff gebrachten Vorstellungsweise wäre es, das Wesen Gottes selbst aus der absoluten Zukunft der Freiheit[93] zu verstehen, statt es umgekehrt als Vermögen seiner Freiheit zugrunde liegend zu denken. Nur als absolute Zukunft der Freiheit ließe sich Freiheit denken, die nicht der Notwendigkeit einer vorgängigen Wesensnatur unterliegt.

Die theologischen Kritiker Hegels waren sicherlich nicht zu Unrecht der Meinung, daß ausgerechnet der Gedanke der Freiheit — dieser Zentralgedanke Hegels — bei ihm nicht unverkürzt auf den Begriff gebracht worden sei, und zwar weder im Hinblick auf die Freiheit Gottes noch auf die des Menschen: Daß die Freiheit Gottes und die des Menschen einander bedingen, daß somit die Auffassung der einen nicht ohne Folgen für die andere bleibt, das hat sich ja spätestens seit dem 13. Jahrhundert, seit der Auseinandersetzung der christlichen Theologie mit dem lateinischen Averroismus, der denkenden Besinnung eingeprägt. Was in Hegels Begriff der Freiheit sowohl Gottes als auch des Menschen nicht zu seinem Recht kommt, das ist ihre Zufälligkeit[94] im Sinne des aus der Zukunft Zufallenden, ihre Unableitbarkeit aus allem schon Vorhandenen, auch aus dem, was der Wollende selbst schon ist. Mit diesem Moment des Zufälligen hängt auch der Pluralismus der individuellen Realisierung der Freiheit, sowie das selbständige Recht des Historischen gegenüber der logischen Form des Begriffs und die Unabgeschlossenheit alles vergangenen und gegenwärtigen Wesens, sowie seine Verwiesenheit auf eine noch offene Zukunft zusammen, die darum unerläßlicher Horizont für das Verständnis gegenwärtiger Wirklich-

[93] Dabei gehört absolute Zukunft zum Wesen der Freiheit, weil absolute Freiheit keine Zukunft außer ihr selbst hat und so ihre eigene Zukunft ist.

[94] Diese Zufälligkeit oder Kontingenz der Freiheit bildet das Wahrheitsmoment des Insistierens der Kritiker Hegels auf der von ihm als abstrakt abgewerteten formellen Freiheit. Gerade im Gedanken konkreter Freiheit müßte dieses Moment der Kontingenz im Akt der Freiheit gewahrt bleiben.

keit ist. All das führt auf die zentralen Fragen, ob Geist und Gedanke wirklich ihre höchste Gestalt im Begriff und in der Idee als realisiertem Begriff finden und ob der Begriff schon Subjekt und subjektive Freiheit nur Begriff ist. Wenn Hegel das konkret Allgemeine des Begriffs „die freie Macht" nennt und diese freie Macht des Begriffs dann weiter als Freiheit der Liebe bestimmt[95], dann wird der Sprung, der Riß im Gedanken unübersehbar, der hier gedanklich nicht Vermitteltes verbal zusammenzwingt; denn die Freiheit der Liebe ist unvorgreiflich; sie übersteigt alle vorgegebenen Identitäten, und die Identität, die sie selbst hervorbringt, ist zwar ihr Ausdruck, aber nie schon ihr voller Begriff, so daß sie auch nicht eingeholt werden kann durch den Begriff. Aller Begriff bleibt hier bloßer Vorgriff[96].

[95] Wissenschaft der Logik II, 242.

[96] Die Herabsetzung des Begriffs zum Vorgriff bildet nicht etwa nur eine äußerlich gegen das Denken Hegels vorzubringende Antithese. Vielmehr erweisen sich die Hegelschen Gedankenbestimmungen in ihrer dialektischen Natur an ihnen selbst als antizipatorisch. So läßt sich an der Gedankenentwicklung der „Wissenschaft der Logik" zeigen, daß die logischen Bestimmungen die am Schluß der „Phänomenologie des Geistes" gewonnene Idee des absoluten Wissens oder der Wahrheit als Identität von Subjekt und Objekt inhaltlich formulieren, sie jedoch dabei nicht einholen und gerade so über sich hinaustreiben. In der Weise wie das absolute Wissen unmittelbar auftritt – als Sein – hat es noch nicht seine adäquate Gestalt gefunden, und diese Inadäquanz wird der Reflexion auf das in jener anfänglichen Bestimmung faktisch „Gesetzte" offenbar. Damit wird der Weg frei für eine neue Formel des absoluten Wissens, die sich ihrerseits der Reflexion auf das in ihr Gesetzte als bloße Antizipation enthüllen wird, die wieder über sich hinaustreibt. Dieser antizipatorische Charakter der logischen Bestimmungen, deren Anfang beim Sein schon „an sich" der Begriff ist (Enzykl. § 238, vgl. § 84), ist Hegel nur darum nicht zum Problem geworden, weil jener Anfang mitsamt dem darauf folgenden „Rückgang in den Grund" ihm von der spekulativen Idee aus als „ihr Selbstbestimmen" erschien (§ 238). Jedenfalls aber liegt auch unabhängig von dieser Selbstdeutung Hegels, die die Abschließbarkeit der Reflexionsbewegung der Logik in der absoluten Idee zur Bedingung hat, die antizipatorische Struktur der logischen Bestimmungen im Gang seiner Logik zutage, und insofern ist das Denken dieser Bestimmungen selbst auf eine Zukunft seiner Wahrheit bezogen, aus der es entspringt, indem es auf sie vorgreift. Das gilt auch noch für die absolute Idee, wenn deren Wahrheit noch nicht mit ihrer logischen Forma-

Die Selbständigkeit der Freiheit, der Zukunft, der Individualität und des Historischen, damit aber auch des Geistes überhaupt gegenüber dem Begriff, der auch in seiner höchsten Form nur Moment des geistigen Lebens ist, hat Vorbehalte auch gegenüber der Aufhebung der religiösen Vorstellungen in den Begriff, wie Hegel sie proklamierte, zur Folge. Das historisch Zufällige, das den Inhalt der religiösen Vorstellungen jedenfalls des Christentums bildet, läßt sich nicht unverkürzt auf die Identität des Begriffs bringen. Das gilt gerade auch vom Gehalt der Geschichte, der dem Blick wechselnder Zeiten je Verschiedenes zu erkennen gibt und einer noch nicht erschienenen Zukunft noch anderes bedeuten wird als der Gegenwart. Hegels Polemik gegen die Bemühungen um das Historische des Christentums zielte daher zu kurz. Andererseits behält die andeutende Sprache der religiösen Vorstellung gerade wegen ihrer Vorläufigkeit ein vorerst bleibendes Recht, wenn die Wirklichkeit im ganzen noch unabgeschlossen ist und in ihrem logischen Wesen durchaus nicht unbetroffen bleibt von den Zufällen geschichtlicher Zukunft. Nicht zuletzt weil die religiösen Vorstellungen Endgültiges im Modus der Andeutung sagen, vermögen religiöse Überlieferungen den Raum der Freiheit für den einzelnen offenzuhalten und damit die politische Funktion für die subjektive Gesinnung zu erfüllen, die Hegel insbesondere dem Christentum zuerkannte. Allerdings kommt in der traditionellen dogmatischen Gestalt der religiösen Vorstellungen gerade des Christentums diese ihre Vorläufigkeit, ihr andeutend bedeutender Sinn wenig oder gar nicht zum Ausdruck. Schon darum ist dem Urteil Hegels zuzustimmen, daß der Kritik der Aufklärung an den

lität erreicht ist, sondern erst mit ihrer konkreten Entwicklung durch Natur- und Geistesphilosophie bis hin zur Philosophie der Religion. Die logischen Bestimmungen erweisen sich dann letztlich als Vorgriff auf diejenige Wahrheit, die in der Geschichte der Religion thematisch ist. Sie sind freilich von Hegel selbst nicht ausdrücklich so entwickelt worden, sondern zeigen sich so erst einer Reflexion, die die Implikationen der gesetzten Bestimmungen und des Verfahrens ihrer Entwicklung auch gegen das Selbstverständnis Hegels kritisch geltend macht.

traditionellen Glaubensvorstellungen des Christentums nur dadurch zu begegnen ist, daß ihre Wahrheit befreit wird aus der Enge ihrer traditionell dogmatischen Gestalt. Das braucht nicht die Umsetzung der Glaubensvorstellungen in den Begriff im Sinne der Hegelschen Logik zu bedeuten. Es braucht nicht einmal zu heißen, daß die Glaubensvorstellungen auf *ihren* Begriff, auf den Begriff ihrer eigenen Sache gebracht werden müßten oder könnten: Die Endgültigkeit des Anspruchs, die Vorstellungen des Glaubens auf ihren Begriff zu bringen, wird fragwürdig, wenn durchschaut ist, wie wenig die Form des Begriffs der erfahrenen Wirklichkeit gerecht zu werden vermag. Diese Einsicht zeichnet schon eine neue Gestalt des Denkens vor, die der erfahrenen Wirklichkeit besser entspricht als der Hegelsche Begriff, eines Denkens, zu dessen Wahrheit die Reflexion der eigenen Vorläufigkeit ebenso gehört wie die der Tragweite von Zufall und Zukunft im Zeichen der Freiheit. Doch dürfte Hegel auch darin recht behalten, daß nur auf dem Boden der allgemeinen Wahrheit des freien Gedankens die Wahrheit der Religion ihrer selbst noch gewiß werden kann, nachdem die Kritik der Aufklärung das Prinzip der Autorität zerstört hat und am Tage ist, daß die Subjektivität der frommen Erfahrung oder des Glaubensdezisionismus, wenn sie als letzter Gewißheitsgrund des Glaubens genommen wird, den Ruin seiner Wahrheit bedeutet. Die Kritik an Hegels Verengung des philosophischen Gedankens zum Begriff des Begriffs sollte das christliche Denken nicht länger davon abhalten, die durch Hegels Denken eröffnete Möglichkeit für eine neue und positive Verhältnisbestimmung von Christentum und Neuzeit zu erkennen und zu ergreifen. Diese Möglichkeit ist gebunden daran, daß der christliche Glaube mit einer neuen Strenge und Ausschließlichkeit als Religion der Freiheit verstanden wird. Wenn die an Hegels Denken zu übende Kritik sich dahin zusammenfassen läßt, daß die Erfahrung der Freiheit noch tiefer durchdacht werden muß als das bei Hegel geschehen ist, dann folgt auch solche Kritik noch der von Hegel gewiesenen Richtung.

Die christliche Legitimität der Neuzeit

Gedanken zu einem Buch von Hans Blumenberg*

Das Christentum ist in unserer Welt nicht mehr selbstverständlich. Viele empfinden die christlichen Kirchen heute als Relikte einer sonst versunkenen Vergangenheit. Hat sich die Moderne vom Christentum gelöst, oder ist das christliche Erbe in verborgener Weise immer noch konstitutiv für die anscheinend so gänzlich säkulare Lebensform der sogenannten westlichen Welt, sei es als das verschwiegene Kapital, von dem sie entgegen aller zur Schau getragenen Weltlichkeit zehrt, sei es als Ermächtigung zu eben diesem säkularen Leben? Die Antwort auf diese Frage entscheidet darüber, ob man als neuzeitlicher Mensch ohne Bewußtseinsspaltung noch Christ und ob man als Christ ohne Verlust der christlichen Integrität neuzeitlicher Mensch sein kann. Die Frage nach dem Verhältnis der Neuzeit und insbesondere ihrer Anfänge zum Christentum, aus dessen Wirkungskreis sie hervorgegangen ist, hat also keineswegs bloß historisches Interesse. Mindestens für den Christen ist sie unmittelbar relevant für die Möglichkeit, sich in der Gegenwart zu verstehen, nämlich in der Gegenwart dem christlichen Glauben anzuhängen. Wäre die Neuzeit als eine Art Aufstand gegen ihre christliche Vorgeschichte zu beurteilen, dann wäre es kaum vollziehbar, auf dem Boden der neuzeitlichen Lebenswelt aufrichtig ein Christ zu sein. Allenfalls wäre christlicher Glaube als ständiger Widerspruch gegen die Grundlagen neuzeitlicher Lebens- und Bewußtseinsform möglich, dabei ständig in Gefahr, sich zu kompromittieren, indem man sich zu weit einläßt auf den Geist dieser modernen Welt.

* Zuerst in: Radius 1968, H. 3, 40 ff.

Die Frage nach dem Verhältnis der Neuzeit zum christlichen Erbe hat sehr unterschiedliche Antworten gefunden. So hat Romano Guardini die Neuzeit durch das Schlagwort der Säkularisierung als eine Periode des Abfalls vom christlichen Glauben charakterisiert[1]. Erst das Ende der Neuzeit, das Guardini nach dem 2. Weltkrieg als Ergebnis der kriegerischen Katastrophen unseres Jahrhunderts verkündete, ließ ihn auf eine Erneuerung des Christentums hoffen. Die Erfahrung der Nachkriegszeit hat jedoch gezeigt, daß der Aufschwung des religiösen Lebens in den ersten Nachkriegsjahren Episode geblieben ist, während die geistigen und sozialen Grundentscheidungen der Neuzeit aufs neue ihre normierende Kraft für die moderne Lebenswelt erwiesen haben.

Im Gegensatz zu Guardini hat Friedrich Gogarten den Versuch unternommen, die Weltlichkeit der Neuzeit selbst als eine Wirkung des christlichen Glaubens zu rechtfertigen[2]. Der biblische Glaube an den einen, transzendenten Gott habe die Welt entsakralisiert, und mit der Sohnschaft, die der Mensch durch den einen Sohn Gottes empfangen hat, sei ihm diese Welt als Erbe übergeben worden. Weil der sohnhaft sich Gott verdankende Mensch sein Heil, seine Ganzheit, im Glauben an Gott den Vater hat, darum braucht er sie nicht von der Welt zu suchen, sondern kann die Welt säkular nehmen, die Frage ihrer Ganzheit offen lassen. Von solcher Säkularität unterschied Gogarten einen Säkularismus, der auch die Heilsfrage, die Sache des Glaubens ist, durch das Verhältnis zur Welt entscheidet, sei es ideologisch oder nihilistisch. Gogartens Konzeption hat vielen heutigen Christen einen neuen Weg eröffnet, ihr Dasein als neuzeitliche Menschen positiv anzunehmen. Dennoch ist zu bezweifeln, ob der christliche Glaube so selbständig dem Weltverständnis gegenübersteht, wie es bei Gogarten den Anschein hat. Seine Selbständigkeit beruht bei Gogarten auf der Auto-

[1] Romano Guardini, Das Ende der Neuzeit, Ein Versuch zur Orientierung, 1951.

[2] Friedrich Gogarten, Verhängnis und Hoffnung der Neuzeit, Die Säkularisierung als theologisches Problem, 1953.

rität des Gotteswortes. Aber gerade die Verbindlichkeit aller überlieferten Autoritäten ist von der frühen Neuzeit in Zweifel gezogen und mit Hilfe des neuen Weltverständnisses abgebaut worden. Wie kann man die neuzeitliche Säkularität bejahen und doch zugleich an einer Autorität festhalten, die Glauben fordert und begründet?

Die frühneuzeitliche Wendung gegen überlieferte Autoritäten bedeutete in erster Linie eine Wendung gegen das überlieferte Christentum der Kirchenlehre, die seit dem 16. Jahrhundert die Gestalt einander widerstreitender konfessioneller Ausprägungen angenommen hatte. Ein theologisches Verständnis der neuzeitlichen Emanzipation des Menschen von allen heteronomen Traditionen — und das ist der eigentliche Sinn der neuzeitlichen Weltlichkeit — hätte sich vor allem dieser Wendung der Neuzeit gegen die christliche Überlieferung zu stellen. Läßt sich die Kritik am Autoritätsanspruch der christlichen Überlieferung im Namen der Autonomie menschlicher Vernunft und Erfahrung ihrerseits noch einmal als Wirkung christlicher Motive verstehen?

Das kritische Verhältnis der Neuzeit zum Christentum steht im Mittelpunkt des Buches von Hans Blumenberg über „Die Legitimität der Neuzeit“[3]. Bereits der Titel richtet sich gegen die geläufige These von der Säkularisierung christlicher Motive in der Neuzeit; denn dieses „Enteignungsmodell“ (21) belastet die Neuzeit mit dem Stigma der Illegitimität (20). Wenn die moderne Welt wirklich, nach einem Wort C. F. von Weizsäckers, ihren „unheimlichen Erfolg“ großenteils ihrem christlichen Hintergrund verdanken würde, so läge die Folgerung nahe: „Das Maß des Erfolges bedingt den Unrechtsgehalt, der darin liegt, seine wahren Voraussetzungen vergessen zu haben“ (72 f.). Gegen diese (vermeintlich) der Säkularisierungskategorie eigentümliche Unterstellung wendet sich Blumenberg im Namen der Selbstbehauptung der Vernunft. Nicht weniger als das Selbstbewußtsein der Neuzeit mit seinem Anspruch auf Neuheit im Gegensatz gegen die vom Christentum bean-

[3] Hans Blumenberg, Die Legitimität der Neuzeit, 1966.

spruchte Endgültigkeit (50 f.) stehe auf dem Spiele beim Streit um die Säkularisierungskategorie. „Legitimität des Ideenbesitzes zu behaupten und zu begründen, ist in der Geschichte das elementare Bestreben des Neuen oder des als neu sich Ausgebenden; solche Legitimität zu bestreiten und das aus ihr resultierende Selbstbewußtsein zu erschüttern oder zu verhindern, ist die Technik der Verteidigung des Bestehenden" (46). Insofern spricht Blumenberg von der „Säkularisierung als einem letzten Theologumenon . . ., das den Erben der Theologie das Schuldbewußtsein für den Eintritt des Erbfalls auferlegen will" (S. 73). Daher auch kann er die historische Frage nach der Herkunft der Neuzeit nicht einfach auf sich beruhen lassen, sondern stellt dem Säkularisierungsmodell ein anderes entgegen: Die Neuzeit sei als „Gegenposition" (143) humaner Selbstbehauptung gegen den unerträglich gewordenen „theologischen Absolutismus" entstanden. Dieser „Epochenbruch" bedeutet zwar auch für Blumenberg keine gänzliche Diskontinuität; jedoch: „Die Kontinuität der Geschichte über den Epochenbruch hinweg liegt nicht am Bestand einer ideellen Substanz, sondern in der Hypothek der Probleme, in der übernommenen Funktion, auch und wieder zu wissen, was schon einmal gewußt worden war" (35). Das Christentum hinterließ „ein Volumen ungesättigter, enttäuschter, zur Insistenz gesteigerter Erwartungen und Ansprüche" (71). Dieser Herausforderung mußte das neuzeitliche Denken sich stellen, indem es die Leerstellen der unglaubwürdig gewordenen theologischen Antworten neu besetzte, so wie einst das frühe Christentum sich dem „Problemdruck" der ihm fremden Fragestellungen der Antike nicht entziehen konnte (42 f.).

Den Nachweis für seine These tritt Blumenberg an, indem er die Kontinuität der Probleme von der Spätantike bis zur frühen Neuzeit untersucht. Dabei hebt sich als Leitfaden das Motiv der Theodizee heraus. Zu den dem Christentum von der antiken Philosophie hinterlassenen Fragen gehört die nach dem Ursprung des Übels in der Welt. Diese Frage meldete sich im Rahmen des antiken Kosmosvertrauens zunächst nur untergründig. Doch bereits dem Neuplatonismus erschien die Welt als eine einzige Verfehlung ihres idealen Modells. Radikaler noch dachte die Gnosis die Welt als gegengöttlich, Erlösung darum als Entweltlichung. Nach Blumenberg entsprach dieser gnostische Dualismus dem vermeintlich schon die urchristliche Naherwartung kennzeichnenden „Bewußtsein der Vernichtungswürdigkeit der Welt" (83, vgl. 28 ff.). Das Ausbleiben der erwarteten Parusie aber hatte zur Folge, daß mit dem erneuten Sicheinrichten in der Welt auch das ungelöste Problem der antiken Kosmologie, die Frage nach dem Ursprung des Übels in der Welt, übernommen werden mußte. Dabei konnte christliches Denken den Gedanken nicht erträglich finden, „daß diese Welt der Kerker des Bösen sein sollte und dennoch von der Macht des nach seiner Offenbarung zur Erlösung entschlossenen Gottes nicht zerschlagen wurde" (84). Die christliche Antwort auf diese Frage, die Blumenberg bei Augustin klassisch ausgebildet findet, bestand darin, dem Menschen, nämlich der menschlichen Freiheit, die Verantwortung für das Böse und damit auch für das Übel in der Welt aufzubürden. Die Lücke dieser Argumentation wird darin sichtbar, daß nun die Freiheit selbst als ein Übel erscheinen konnte. Die Frage nach dem Schöpfer der menschlichen Freiheit und erst recht die augustinische Prädestinationslehre mußte doch wiederum Gott mit der letzten Verantwortung für das Übel in der Welt belasten. Damit kehrte in Gestalt des verborgenen Gottes und seiner unbegreiflichen Souveränität der gnostische Dualismus wieder. Die Zuspitzung der augustinischen Gedanken im spätmittelalterlichen Voluntarismus provozierte die Selbstbehauptung des Menschen gegen diesen „theologischen Absolutismus" (143 f.). Durch die spätmittelalterliche Auflösung der Vorstellungen von der unverbrüchlichen Ordnung des Kosmos und der ihr entsprechenden göttlichen Vorsehung wurde der Mensch der nackten Willkür des göttlichen Beliebens konfrontiert: angesichts dieses Gnadenabsolutismus war der „Ausweg aus der Welt in die Transzendenz . . . keine Alternative des Menschen selbst mehr und hat gerade darin seine humane Relevanz und seine geschichtliche Effektivität verloren" (111, vgl. 90); denn selbst die Unterwerfung unter die göttliche Macht „ist nicht schon zureichende Bedingung des Heils" (111). Darum mußte die humane Selbstbehauptung der Vernunft aus dem System der mittelalterlichen Theologie heraustreten und sich gegen den theologischen Absolutismus wenden. „Indem die Theologie das absolute Interesse Gottes zu vertreten meinte, ließ sie das Interesse des Menschen an sich selbst und seine Sorge um sich absolut werden, das aber heißt: die Stelle seiner theologischen Ansprechbarkeit besetzen" (165). Das vorzügliche Mittel solcher Selbstbehauptung wurde die Denkform der Hypothese und die in ihr angelegte Verbindung von Wissenschaft und technischer Bewältigung der Mängel der natürlichen Daseinsbedingungen. Die dem zugrunde liegende Einstellung findet Blumenberg in der theoretischen Neugierde, deren Geschichte er darum eingehend untersucht, von ihren antiken Wurzeln her über ihre christliche Diskriminierung als sündhafte curiositas bis zu ihrer Rehabilitierung und Neubestimmung im Übergang vom Mittelalter zur Neuzeit.

Die Konstruktion der christlichen Theologiegeschichte am Leitfaden der Theodizeefrage bildet den Nerv der Konzeption Blumenbergs vom Ursprung der Neuzeit als Gegenposition gegen den theologischen Absolutismus. Sie macht die Genese dieses Absolutismus verständlich und bildet zugleich die Folie für die neuzeitliche Bewältigung der Mängel der Natur auf dem Wege ihrer fortschreitenden Veränderung durch menschliches Handeln: Die Fortschrittsidee übernimmt „die gestörte Funktion der Theodizee" (37), Modellfall für Blumenbergs These der „Identität der Funktion" einander geschichtlich ablösender, substantiell antithetischer Ideen.

Die Theodizeefrage hat jedoch kaum eine so zentrale Bedeutung für die christliche Theologiegeschichte gehabt[4]. Die ent-

[4] Noch im ausgehenden zweiten Jahrhundert hat Irenäus die menschliche Freiheit in seine Schöpfungstheologie eingeführt, aber nicht der Theodizee wegen, sondern als Inbegriff der Gottebenbildlichkeit des Menschen (Apod. II, 1). Die Einheit des Erlösergottes mit dem Schöpfer, die

scheidende Auseinandersetzung des Christentums mit dem Übel und dem Bösen in der Welt vollzog sich nicht durch eine Entlastung der Schöpfers von der Verantwortung für die Welt, sondern durch den Glauben an die Versöhnung der Welt durch den Gott, der die Last ihrer Schuld und ihres Elends auf sich selbst nimmt und so die Menschen von ihr befreit. Merkwürdigerweise wird diese zentral christliche Thematik in Blumenbergs Buch kaum berührt. Sie hat ihren umfassendsten Ausdruck im Gedanken der Inkarnation gefunden, dem auch Blumenberg einmal beiläufig zugesteht, er habe eine „unendliche Bestärkung der menschlichen Selbstachtung" bedeutet

er den Gnostikern aller Provenienz entgegenhielt, machte für ihn noch keine Rechtfertigung Gottes wegen des Bösen und des Übels in der Welt erforderlich. Bei Klemens von Alexandrien zu Beginn des dritten Jahrhunderts ist das bereits anders geworden. In seinen „Teppichen" (Strom. I, 82 ff.) setzt sich Klemens mit einem Argument auseinander, das – wie er sagt – von überallher den Christen entgegentöne: wer etwas nicht hindere, sei daran (ursächlich) schuld. Dagegen behauptet Klemens nachdrücklich, nur den Täter treffe die Schuld. Das aber ist im Falle des Übels und des Bösen in der Welt nicht primär der Mensch, sondern der Teufel, der nach 83,2 „völlig freier Herr seiner Entschlüsse war". Erst im Anschluß daran versichert Klemens, auch für das böse Tun des Menschen und für dessen Folgen treffe Gott keine Schuld, da die Seele ja frei sei (84,1). Diese angesichts der überlegenen Macht Gottes etwas lahme Argumentation läßt bereits die Richtung erkennen, in der das Problem später auch in der abendländischen Theologie, bei Augustin und in der Scholastik behandelt worden ist: Etwas nicht zu hindern, bedeute noch nicht, es zu tun; Gott habe die Sünde nur „erlaubt", „zugelassen", aber nicht positiv gewollt. Das ließ sich dann noch weiter untermauern durch Überlegungen wie die, daß Gott Sünde gar nicht wollen könne, weil alles was er will eben dadurch, daß er es will, mit seinem Willen übereinstimmt und also keine Sünde ist. Das Unzureichende solcher Argumentation angesichts eines allmächtigen Gottes, der seine Geschöpfe nicht davor bewahrt, in Sünde zu fallen, ist offenkundig genug. Daß das Problem durch Augustins Lehre von der absoluten Prädestination noch erheblich verschärft worden ist, hat Blumenberg 88 f. mit Recht betont, in Übereinstimmung mit vielen anderen Autoren. Seine Behauptung, daß solche Argumentation faktisch Gott auf Kosten des Menschen zu retten sucht, ist jedoch anachronistisch, weil sie nicht ernstnimmt, daß für die theologische Überlieferung der Teufel der in erster Linie Schuldige ist. Vollends fragwürdig ist die Stilisierung des Theodizeeproblems auf Kosten aller andern Themen der christlichen Theologie zum Hauptmotiv der christlichen Theologiegeschichte.

(584). Der Inkarnationsglaube setzte das urchristliche Bewußtsein von der Gegenwart des eschatologischen Heils fort, das schon der Botschaft Jesu eigentümlich war[5]. Daher bedeutete das Ausbleiben der Parusie für das Christentum nicht die Katastrophe, als die man diese Erfahrung so oft ausgegeben hat; vielmehr trat das Grundmotiv der Gegenwart des Heils nun erst recht in den Mittelpunkt. Von der im Inkarnationsglauben enthaltenen Bejahung der gegenwärtigen Welt her erscheint die Assimilation antiker Kosmologie in der christlichen Schöpfungstheologie nicht länger als ein Bruch mit dem christlichen Prinzip. Das Festhalten am Schöpfungsglauben[6] im Gegensatz zur extremen Gnosis und die positive Aufnahme zeitgenössischen Weltverständnisses waren vielmehr vom Glauben an die Heilsgegenwart der Inkarnation ermöglicht und gefordert, wenn auch das christliche Motiv der Buße, der Verwandlung des Bestehenden um seiner Versöhnung willen, dabei oft zu wenig wirksam geworden ist.

Der Glaube an die Inkarnation Gottes in einem Menschen zur Versöhnung der Menschheit brachte tatsächlich eine „unendliche Bestätigung der menschlichen Selbstachtung" mit sich. Gogarten hat mit seinem Gedanken der durch Christus erschlossenen „Sohnschaft" des Menschen die entscheidende positive Vermittlung zwischen Christentum und neuzeitlichem Selbstverständnis mit Recht an dieser Stelle gesehen. Allerdings hat er diese Verbindung nur dogmatisch konstruiert, ohne auf ihren tatsächlichen Vollzug in der Geschichte des Denkens einzugehen. Blumenberg, der minutiös dem problemgeschichtlichen Prozeß folgt, unterschätzt leider die Tragweite der von ihm nur am Rande notierten Relevanz des Inkarnationsglaubens für die Anthropologie. Sie fügt sich in der Tat

[5] Siehe dazu U. Wilckens, Zur Eschatologie des Urchristentums. Bemerkungen zur Deutung der jüdisch-christlichen Überlieferungen bei Hans Blumenberg (in: Beiträge zur Theorie des neuzeitlichen Christentums [Festschrift W. Trillhaas] 1968, 127–142).

[6] Dessen eigenständige Bedeutung hat B. selbst früher ganz anders gewürdigt; vgl. seinen Aufsatz „Licht als Metapher der Wahrheit" in: Studium Generale 10, 1957, 432–447.

schlecht in seine Konzeption ein, derzufolge der zunehmende theologische Absolutismus den Menschen so weit zur Bedeutungslosigkeit herabgedrückt hätte, daß humane Selbstbehauptung schließlich nur noch gegen das theologische System möglich gewesen wäre. Diese Konstruktion trifft in der humanen Bedeutung der Inkarnation auf ihre Gegeninstanz. Die Inkarnation galt bereits der altkirchlichen Theologie als Vollendung des in der Schöpfung des Menschen Begonnenen. Der zweite Adam hat die Bestimmung des Menschen zum Ebenbild Gottes verwirklicht. Damit fällt dem Menschen schon als Geschöpf eine einzigartige Stellung im Kosmos zu. In ihm verbinden sich — Vorschein der Inkarnation — materielle und geistige Welt, und schon gegen Ende des 2. Jahrhunderts, bei Klemens von Alexandrien, findet sich der Gedanke, daß der Mensch den Zweck der Weltschöpfung überhaupt bilde. Damit gewinnt das biblische Wort, das den Menschen als Ebenbild Gottes zur Herrschaft über die Welt ermächtigt, erst sein volles Gewicht. Nun behauptet Blumenberg für die mittelalterliche Scholastik „eine Gesamttendenz, die immer weniger die Aussage der stoisierenden Patristik zuließ, die Welt sei um des Menschen willen geschaffen worden" (132). Doch das ist ein Mißverständnis. Während in der Patristik der Gedanke des Menschen als Schöpfungszweck unausgeglichen neben dem einer Hierarchie der Geschöpfe stand, in der der Mensch den Engeln im Range nachgeordnet ist, hat sich in der Scholastik der anthropozentrische Gesichtspunkt durchgesetzt. Blumenberg beruft sich auf eine Stelle bei Anselm von Canterbury, derzufolge der Mensch geschaffen wurde, um die durch den Fall Luzifers verminderte Zahl der Erwählten wieder aufzufüllen (132 f.). Dieser auf Augustin zurückgehende Gedankengang weist den Menschen in der Tat eine gegenüber den Engeln untergeordnete Position zu. Aber die Scholastik hat charakteristischerweise gerade an diesem Punkt Anselm und Augustin die Gefolgschaft versagt. Im 12. Jahrhundert setzte sich die Auffassung durch, der Mensch sei um seiner selbst willen, nicht um der Engel willen geschaffen worden[7]. Daß im ausgehenden Mittelalter Nikolaus von Kues den Menschen als „zweiten Gott" (secundus deus) charakterisierte, liegt ganz auf der Linie dieser theologischen Tendenz, den Menschen an der Spitze der Schöpfung zu sehen, im Sinne einer vom Inkarnationsglauben inspirierten Deutung der Gottebenbildlichkeit des Menschen. Ist nicht doch erst damit jene Selbständigkeit des Menschen gegenüber dem Kosmos gewonnen worden, die im neuzeitlichen Denken und in der neuzeitlichen Wissenschaft immer schon vorausgesetzt ist? Die Antike sah den Menschen eingeordnet in den Kosmos, selbst da, wo sie ihn als dessen Mitte, als Mikrokosmos oder Logoswesen dachte. Erst durch seine Verbindung mit dem transzendenten Schöpfergott wurde dem Menschen jene Distanz zur Welt möglich, die es ihm erlaubte, die Welt nach seinen eigenen Gedanken und zu eigenen Zwecken zu verändern.

Dies alles brauchte noch nicht auszuschließen, daß die durch die christliche Anthropologie positiv ermöglichte Emanzipation des Menschen erst als Selbstbehauptung gegen einen theologischen Absolutismus im Sinne der Argumentation Blumenbergs realisiert wurde. Der Absolutismus der augustinischen Prädestinationslehre, der die Entscheidung über Erwählung oder Verwerfung zur Sache eines verborgenen göttlichen Wahlaktes vor aller menschlichen Stellungnahme macht, ist nun aber im Mittelalter nicht ungebrochen wirksam geworden. Von ganz wenigen Ausnahmen wie z. B. Petrus Lombardus abgesehen haben sich die scholastischen Theologen in der Prädestinationslehre dafür entschieden, mindestens die Verwerfung, wenn nicht sogar die Erwählung vom göttlichen Vorherwissen der menschlichen Entscheidung abhängig zu machen[8]. Diese

[7] So schrieb Anselm von Laon im 12. Jahrhundert, der Mensch sei *propter se* geschaffen worden, nicht nur *propter restaurationem angeli.* Und bei Rupert von Deutz heißt es: *non homo propter angelos, imo propter hominem quemdam angeli quoque facti sunt sicut et caetera omnia.* Dazu und zu ähnlichen Äußerungen aus dieser Zeit (bis hin zu Thomas von Aquin II. Sent. d 1 q 2 a 3) cf. M. Chenu, La théologie du douzième siècle, Paris 1957, 52 ff.

[8] Die einschlägigen Texte sind in meiner Arbeit: Die Prädestinations-

semipelagianische Erweichung der Augustinischen Prädestinationslehre hatte jedenfalls den Vorzug, die Entscheidung über das Heil des Menschen seiner geschichtlichen Konfrontation mit der Gnade des Evangeliums zu belassen, anstatt sie von dieser abzulösen. Aber auch Duns Scotus, der den reinen Gnadencharakter der Erwählung so stark betonte, hat im Unterschied dazu die Verwerfung auf das von Gott vorhergesehene Verschulden der Verworfenen zurückgeführt. Es läuft seinen ausdrücklichen Aussagen zuwider, wenn Blumenberg ihm die Vorstellung von „unverdient Verworfenen" als Ausdruck des „vollendeten Absolutismus der göttlichen Souveränität" zuschreibt (140)[9]. Diese Einzelheit ist bezeichnend für die Fehlkonstruktion des „theologischen Absolutismus" bei Blumenberg. Es wird der irrige Eindruck erweckt, daß der Mensch und seine Geschichte in der Scholastik „gleichgültig" (138) für den göttlichen Willen geworden seien, so daß dem Menschen seine Selbstbehauptung nur noch durch Zurückweisung des Gnadenabsolutismus möglich gewesen sei. Daß die göttliche Liebe von Ewigkeit her dem Menschen gilt, brachte Duns Scotus gerade durch seinen von Blumenberg seltsam verkannten Gedanken 137 f.) zum Ausdruck, daß Gott die Vereinigung des Menschen mit ihm durch die Inkarnation von Ewigkeit her beschlossen habe und nicht nur als Ausweg zur Behebung des Zwischenfalls der Sünde[10].

Der Voluntarismus des Spätmittelalters ist weit von der antihumanen Tendenz entfernt, die Blumenberg ihm zuschreibt. Es ging seinen Exponenten immer zugleich um die Freiheit Gottes und die des Menschen, im Gegensatz zu der Vorstellung des extremen Aristotelismus von der Geschlossen-

lehre des Duns Skotus im Zusammenhang der scholastischen Lehrentwicklung, 1954, eingehend erörtert.

[9] Vergleiche dazu Duns Scotus' Sentenzenkommentar Buch I, dist. 41 (Opera Omnia Ed. Vat. vol. VI, 315 ff., bes. 332 ff.) und meine in der vorigen Anmerkung genannte Arbeit 90 ff.

[10] Siehe Karl M. Balić, Duns Scotus' Lehre über Christi Prädestination im Lichte der neuesten Forschungen, in: Wissenschaft und Weisheit 3, 1936, 19–35.

heit einer kosmischen Ordnung, die weder für ein freies Handeln Gottes noch für die Freiheit des Menschen Raum bot[11]. Gegenüber diesem im Schicksals- und Gestirnglauben der Zeit wirksamen kosmischen Zwangssystem hat der spätmittelalterliche Voluntarismus mit der Freiheit Gottes zugleich die des Menschen verteidigt.

Das bedeutet, daß das Verhältnis der Neuzeit zum Spätmittelalter anders beurteilt werden muß, als es bei Blumenberg geschieht. Die Neuzeit ist nicht aus einem Akt humaner Selbstbehauptung gegen den Gnadenabsolutismus des christlichen Gottesgedankens entstanden. Sicherlich sind ihre Anfänge durch einen Bruch mit dem mittelalterlichen Denken gekennzeichnet. Aber dabei ging es nicht um die Allmacht Gottes und die Freiheit seiner Gnade, sondern um die Positivität des kirchlichen Heilssystems, der kirchlichen Autorität, die dem Spätmittelalter für einer rationalen Rechtfertigung unfähig galt.

Es wurde zur Aporie der spätmittelalterlichen Theologie, daß es ihr nicht mehr gelang, von ihrem voluntaristischen Gottesverständnis her das erstarrte System der kirchlichen Autorität aufzulockern und in Bewegung zu bringen. Statt dessen kam es zu einer oberflächlichen Rechtfertigung dieser Positivität als eines göttlichen Machtaktes. Dabei konnte es aber sein Bewenden auf die Dauer nicht haben; denn allzu wenig ließ die Starrheit der kirchlichen Ordnung den persönlichen Gotteswillen erkennen, der ihr Ursprung sein sollte. Von daher erscheint es als bezeichnend, daß im Spätmittelalter an verschiedensten Punkten ein Zug zur Unmittelbarkeit im Verhältnis zu Gott entsteht, zu einer Unmittelbarkeit, die die kirchliche Heilsordnung durchbricht oder für das Verhältnis des einzelnen zu Gott unwesentlich werden läßt. Das zeigt sich in der Mystik Eckharts und Taulers, aber auch im Augustinismus Thomas Bradwardine's und nicht zuletzt in der Glaubensunmittelbarkeit Luthers; es ist aber auch im Denken des Kusaners spürbar. In

[11] Das habe ich in der Zeitschrift für Kirchengeschichte 69, 1955, 355 bis 360 im Rahmen einer Rezension genauer dargelegt.

allen diesen Richtungen wurde die Positivität, der autoritäre Charakter der bestehenden Heilsordnung hinterfragt.

Das Unbehagen an der Positivität der kirchlichen Heilsordnung, deren Rationalität durch die nominalistische Kritik aufgelöst worden war, genügt freilich nicht, um den Bruch mit dem Mittelalter verständlich zu machen. Die Entstehung der Neuzeit läßt sich nicht abstrakt ideengeschichtlich verstehen. Erst die Reformation und mehr noch die in ihrem Gefolge eintretenden geschichtlichen Katastrophen — die Zersplitterung der Christenheit und die Konfessionskriege des 16. und 17. Jahrhunderts — haben den Bruch mit dem Mittelalter definitiv gemacht. Erst nachdem die Christenheit in Konfessionen zerfallen war und jede von ihnen im Zeitalter der Konfessionskriege ihren absoluten Anspruch vergeblich gegen die anderen durchzusetzen versucht hatte, griff eine allgemeine Ermüdung an den durch ihre Pluralität unglaubwürdig gewordenen, überlieferten Autoritäten um sich, so daß man einen neuen gemeinsamen Boden des menschlichen Zusammenlebens in Natur und Vernunft, im Staat und in der allgemeinen Moral zu suchen begann, unter Absehung von den konfessionellen Autoritäten und ihren Streitfragen. Dennoch führte die Kritik an der überlieferten Autorität nur selten, in den protestantischen Ländern kaum zu einem Bruch mit dem Christentum überhaupt. Das dürfte mit daran liegen, daß der Protestantismus die Tendenz zur Emanzipation von den überlieferten Autoritäten zu legitimieren vermochte: Die Unmittelbarkeit des christlichen Laien zu Gott, die keiner anderen als einer vorübergehenden geistlichen Mittlerschaft bedarf, begründete die Beseitigung der Privilegien des Klerus zugunsten des christlichen Volkes. In diesem Sinne ergibt sich aus den Gedanken der Reformation eine positive Wertung der neuzeitlichen Emanzipation, eine christliche Legitimität der Neuzeit. Blumenberg hat die Rolle der Reformation für Entstehung und Selbstverständnis der Neuzeit erstaunlicherweise überhaupt nicht diskutiert[12]. Er hätte

[12] Auf diesen ebenso merkwürdigen wie bezeichnenden Sachverhalt weist auch G. Rohrmoser, Emanzipation und Freiheit, 1970, 14 hin. Siehe

sonst schwerlich jede positive Verbundenheit der Neuzeit mit dem Christentum rundweg bestreiten können.

Ist aber anstelle eines nur antithetischen Bezuges der Neuzeit zum Christentum mit einer sachlichen Kontinuität zu rechnen, so daß die Neuzeit sich selbst durchaus christlich legitimieren konnte, dann gewinnt auch die Kategorie der Säkularisierung erneute Relevanz. Eine Bezeichnung für die von der Neuzeit angeeigneten Motive christlicher Überlieferung wird so oder so erforderlich sein, und die Kategorie der Säkularisierung bringt dafür den Vorzug mit, zugleich die Verwandlung anzudeuten, die sich mit solcher Aneignung vollzog[13]. Säkularisierung braucht keineswegs ein theologischer Kampfbegriff zu sein, wie das bei Blumenberg erscheint. Wie sich die Säkularisation von Kirchengütern und die Säkularisation von Klerikern im Bereich der Reformation als Konsequenz reformatorischer Prinzipien ergab, so läßt sich auch Säkularisierung im weiteren Sinne positiv als Konsequenz der Reformation verstehen, nämlich als Aufhebung der Privilegien des Klerus zugunsten des christlichen Volkes. So gesehen ist Säkularisierung Ausdruck der Mündigkeit des christlichen Laien. Sie erweist sich damit als ein charakteristischer Zug der Neuzeit in ihrem Kampf gegen das Autoritätsprinzip im religiösen wie im politischen Leben. Gewiß stand nicht jeder Säkularisierungsvorgang im Dienste christlicher Mündigkeit. Mit der Säkularisierung konnte sich auch eine Ablösung vom Christentum überhaupt vollziehen. Das macht die Zweideutigkeit dieser Prozesse aus. Doch ihr genuiner Sinn ist durchaus christlich motiviert.

auch M. Elze, Christliche Wurzeln der modernen Naturwissenschaften, in: Christentum und Gesellschaft, ed. W. Lohff und B. Lohse 1970, 194.

[13] Ähnlich K. Löwith in seiner Verteidigung gegen den auch ihm geltenden Angriff Blumenbergs gegen die Kategorie der Säkularisierung: Philos. Rundschau 15, 1968, 195–201. Löwith hebt außerdem mit Recht hervor, Blumenbergs Festlegung des Säkularisierungsbegriffs auf eine Identität der Substanz (B. 18 f.), die dem ursprünglichen Eigentümer lediglich entzogen werde, bürde von vornherein „seinem Gegner eine Beweislast auf, die er selbst für undurchführbar hält" (197), da geschichtliche Kontinuität natürlich überhaupt nie als von geschichtlichem Wandel unberührt bleibende Substanzidentität verstanden werden kann.

Das rechtfertigt es, von einer christlichen Legitimität der Neuzeit in ihrer Emanzipation von den überlieferten Autoritäten zu sprechen. Humane Emanzipation ist nicht schon Gegenposition zum Christentum. Sie bezeichnet vielmehr trotz aller beiherspielenden Tendenzen zur Abkehr nicht nur von der autoritären mittelalterlichen Form christlicher Überlieferung, sondern damit zugleich vom Christentum selbst eine Phase der christlichen Geschichte, in der die durch den Inkarnationsglauben begründete „unendliche Bestärkung der menschlichen Selbstachtung" überhaupt erst voll zum Durchbruch gekommen ist.